人も自分も操れる！
暗示大全
あんじ

内藤 誼人
Yoshihito Naito

すばる舎

まえがき

成功している人は暗示を上手に使っている

　暗示と聞くと、聞き慣れない言葉のため、ちょっとびっくりする人もいるかもしれません。とっつきにくそうだと感じる人もいるでしょう。でも難しく考える必要はありません。
　実際、暗示は身近な生活の中にあふれており、知らず知らずのうちにだれもが接しているものだからです。

　人と会話をするときや、物思いにふけるとき、仕事をするときや、買い物を楽しむときなど、あらゆる場面で登場し、皆さんの感情や考え、行動に大きな影響を与えています。
　身近な生活の中にあふれている暗示を、より意識的に活用することができれば、さらに毎日が充実し、豊かで楽しい日々を送れるはずです。

　そこで、本書では、ハーバード大学、スタンフォード大学、マサチューセッツ工科大学、プリンストン大学を始めとした数々の研究機関で行われている「心理実験」を紹介しながら、日常生活で活用できる暗示のスキルを多数お伝えしていきます。

本書で述べる暗示とは、言葉やしぐさ、サイン、合図などで、人の考えや感情、行動に影響を与えて、誘導・操作する心理技法を指します。すなわち、自分のみならず、人も自由に操れるようになるというわけです。
「自分の才能を心から信じている」
「コミュニケーション力が高く、人間関係で困らない」
「仕事ができて人望もある」
「プライベートを楽しみ、人生を謳歌している」
　こんな人生を送っている人を見たら、誰もが思うのではないでしょうか。羨ましいと……。実際に、成功している人の多くが、暗示の力を上手に使い、自分の能力を最大限に発揮しながら望み通りの人生を送っています。

「負の暗示」を解けば自信もパワーもわいてくる

　このように暗示は、プラスに使えば、多大なメリットをもたらす非常に有効な武器になります。
　ただし、注意点があります。それは、マイナスの暗示を自分にかけてしまう場合です。
「自分には才能がない」
「会話ベタだから、人間関係をうまく築けない」
「失敗したらどうしよう」
「お金持ちになれるはずはない」などと……。
　このように、心の底で「自分にはムリだ」と強く思っていたり、

自分を否定する言葉を投げかけたりしていると、負の暗示となって、その通りの現実をもたらします。

　もしも仕事、対人関係、コミュニケーション、恋愛といった諸処の場面で不本意な思いをしていたら、要注意です。即刻、負の暗示を解いてください。

さあ、豊かな人生を手にしよう!

　心優しく才能豊かな人ほど繊細なので、自分を責めたり悔やんだりして、負の暗示をフル稼働しがちです。非常にもったいないことです。ぜひ、暗示を上手に活用し役立てていただきたい──。そう考えて、人生に役立つ、面白くてためになる暗示を網羅した『暗示大全』を執筆しました。

　本書では負の暗示をいち早く解き、人生の展望が開け毎日を楽しく快適に過ごせるような「暗示の方法」を多数紹介していきます。

　ご紹介している心理実験は、いずれも目新しく興味深いものばかりなので、楽しくお読みいただけることでしょう。読後は、不思議と気持ちが軽くなり、生き生きしている自分に気づくはずです。その仕掛けは随所に散りばめてありますのでお楽しみに。

　本書が皆さまの人生のお役に立てれば幸いです。

2019年9月吉日

内藤誼人

目次

まえがき ……… 3

1章 暗示は身近にあふれている！
デキる人は暗示をジャンジャン使う！

【暗示とは？】
1 知らずに使っている人が9割!? ……… 18
2 暗示なら無意識を動かせる！ ……… 22
3 デキる人は暗示を〝意図的に〟使う ……… 26

【驚くべき暗示の効果】
4 イメージアップに効果大！ ……… 29
5 テストの点数がよくなる ……… 31
6 会社の株価が上がる ……… 34
7 好感を持たれる ……… 38

【知られざる「人の操り方」】

8 同調させる ……… **40**

9 自尊心をくすぐる ……… **43**

10 記憶に埋め込む ……… **46**

11 思惑通りに行動させる ……… **49**

12 認知をゆがめる① ……… **53**

13 認知をゆがめる② ……… **56**

【成果につながる暗示】

14 交渉を有利に進める ……… **59**

15 特定の商品を購入させる ……… **62**

16 購買率を上げる ……… **65**

人の能力を飛躍的に伸ばす「負の暗示」を解く方法

【負の暗示をかけないコツ】

1. 暗示の効果と注意点 ……… 70
2. こんな暗示だとうまくいかない ……… 74
3. 傷を広げる暗示に注意する ……… 78
4. うまくいくイメージを描く ……… 81
5. 「○○しない」は逆効果 ……… 84

【暗示がもたらすスゴい影響】

6 ダイエットがうまくいく暗示とは？ ……… 86

7 つらいときこそ悲しい曲を聴く ……… 89

8 暗示で味覚が変わる ……… 92

9 安ワインが極上の味に♪ ……… 94

10 暗示で恐怖症が治る ……… 97

【暗示パワーを最大化する】

11 なりたい自分になる方法 ……… 100

12 コレで身体能力が高まる ……… 103

13 一流に近づく近道とは？ ……… 106

14 「イメトレ」の驚くべき効果！ ……… 109

ラクして成果を出したい人へ

3章 仕事に役立つ！暗示のコツ

【デキる人は皆使っている】
1 仕事に役立つ暗示はたくさんある ……… **114**

【メンタルセットに役立つ暗示】
2 肩書で自己イメージを強化する ……… **116**
3 暗示効果が高まる整理術 ……… **120**
4 自信がわくカンタンな方法 ……… **124**
5 やる気が出ないときは？ ……… **127**

【成果を生む暗示】

6 仕事で使う名前をひらがなにする ……… **130**

7 「有能さ」を示す方法 ……… **133**

8 背の高さを上手に活かす ……… **136**

9 お店に長く滞在させる ……… **140**

10 ズルを防ぐコツ ……… **142**

11 プラシボ効果を活用する ……… **146**

12 プレゼンを成功させるコツ ……… **148**

だれもが、あっさり従ってしまう
人を操る「基本テク」

【認知をゆがめる方法】

1. 「ラベル貼り」で言いなりになる ……… 152
2. 「診断結果」でラベル貼りする ……… 155
3. ミスリードで答えを導く ……… 157
4. 「信じたいこと」を耳元でささやく ……… 161
5. 催眠状態に導き「反論」を消す ……… 164
6. 「権威」を用いて盲信させる ……… 168
7. 「断定」して信じさせる ……… 171
8. 「推測」を「事実」にすり替える ……… 174
9. 「噂」で事実をデッチ上げる ……… 177
10. 暗示を埋め込むインタビュー技術 ……… 180
11. 新しい情報を与えミスリードする ……… 183

劇的に人を動かせる！ 暗示コミュニケーションのコツ

【実践テクニック】

1　人がスイスイ動いてくれる! ……… **188**
2　相づちは好意的に打つ ……… **190**
3　首をタテに振りながら話す ……… **193**
4　いきなり本題に入らない ……… **196**
5　難解な専門用語を使う ……… **200**
6　相手を持ち上げながら忠告する ……… **203**
7　気持ちのいいことをささやく ……… **205**
8　たくさん質問して信用させる ……… **208**
9　思いきり期待して背中を押す ……… **210**
10　「賛同のサイン」を出して誘導する ……… **214**
11　社会的誘導法を使う ……… **216**
12　広告には暗示がたっぷり ……… **219**
13　「2回以上」伝えて、事実だと刷り込む ……… **222**
14　正解をリードして、自信をつけさせる ……… **225**
15　暗示で性格は「本当に」変わる ……… **227**

巻末付録

暗示を成功させるコツ

【暗示の効果を高める】

1 暗示にかかりやすい時間帯とは？ ……… **230**

2 体温は高めのときがベスト ……… **233**

【タイプを見分ける】

3 音楽に没頭しやすいか ……… **235**

4 権威主義的か ……… **237**

5 不安を感じやすいか ……… **239**

6 空想癖などがあるか ……… **241**

7 男女のタイプはこんなに違う ……… **243**

【子どもに暗示をかけるコツ】

8 暗示にかかりやすい特性を活かす ……… **246**

9 「あなたならデキる！」と勇気づける ……… **248**

あとがき ……… **250**

参考文献 ……… **252**

装丁 ……… 井上新八

本文デザイン、イラスト、図版作成 ……… 草田みかん

1章

暗示は身近にあふれている！

デキる人は暗示を
ジャンジャン使う！

1

【暗示とは？ 1】
知らずに使っている人が9割！？

　本書の冒頭で、お伝えしましたが、読者の皆さんは、日常生活のいろいろな場面で、すでに「暗示を使って」いますし、多数の暗示にさらされて、大小さまざまな影響を受けています。

　知らぬ間に使っている暗示のひとつに「自己暗示」が挙げられます。例えば、朝起きたときに、「今朝は、なんだか調子がいいな」と思ったり、口に出して言ったりしたことはありませんか。

　これは立派な自己暗示です。おそらくその日は一日中、心身が軽く感じられ、いつもよりパフォーマンスが上がることでしょう。

　これは暗示を良い方向に使っている一例ですが、その逆もあります。例えば、日常生活を送る中で自分でも気づかないうちに手足に擦り傷ができるなど、ケガをしているときがありますよね。

　面白いもので、ケガに気づいたとたん、痛みが始まることは、だれしも経験があるでしょう。それまではまったく気にならなかったのに、チクチク、ズキズキし始めて不愉快な思いをすることになります。

「ケガをしたのだから、痛いはず」という思い込みによって、痛

18

心のつぶやきも"強力な暗示"となる

ポジティブな言葉は良い暗示効果を生む!

みが始まるのです。

　それでいて、他の人から「おいしいケーキを買って来たよ」などと言われて注意がそちらに向くと、一時的にしろ、痛みをすっかり忘れてしまうのですから不思議なものです。

　このように、ときとして**何気なく頭に思い浮かんだつぶやきが暗示となり、気持ちが軽くなったり沈んだりして、その日の過ごし方に大きな影響を与えます。**

　また、知らず知らずのうちに他人に暗示をかけられて〝催眠状態〟に導かれ、相手の言うことを鵜呑みにしたり、従ってしまったりすることもあります。

　テレビでは時折、催眠術師が登場し、大勢に暗示をかける番組を放送しているときがあります。

　これも特別な暗示の技法のように思われるかもしれませんが、そんなこともありません。たいていの人は、すでに経験ずみのはずです。

　小学生くらいのときには、クラスの女の子のほとんどが一人の男の子を好きになってしまう、なんてことはありませんでしたか。女の子同士で、「○○君ってさ、すごくカッコいいよね」とおしゃべりしているうちに、「○○君はカッコいい」と自分でも思い込んでしまうのです。思い込みが暗示となって刷り込まれ、結果的に、〝集団催眠〟となったのです。

　だれもが幼い頃から、それと知らずに暗示に接したり、使ったり、催眠状態になったりしているわけです。

　このとき、暗示がうまい方向に働けば問題ありませんが、下手

をするとマイナスに働くことも考えられます。

暗示の力は人の行動に多大な影響を及ぼすだけに、知らないことはリスクになるといえるでしょう。

本来、暗示は適切に使えば皆さんの能力を存分に引き出し、人生を楽しく豊かにしてくれる素晴らしい心理技法です。ぜひ身近にあふれる暗示の実態を知り、暗示を上手に使う秘けつを一緒に探っていきましょう。

暗示は武器になる!

POINT
暗示が使われている実態に気づき、「使う側」になろう

2

【暗示とは？ 2】

暗示なら
無意識を動かせる！

　普段、私たちは意識的に行動しているようにみえても、その行動の大半は、無意識の力によって動かされています。この無意識にパワフルに働きかけるのが「暗示」です。

　暗示と密接な関係がある「無意識」について少しだけ、説明しておきましょう。
　人の心には「意識」と「無意識」の部分がある──。
　これを氷山にたとえて説明したのがスイスの心理学者カール・グスタフ・ユングです。
　彼の説によると、意識は海上に見えるわずかな部分にすぎず、海面下には無意識という巨大な領域が潜んでいます。そして、この無意識こそが人の考えや行動などに大きな影響を与えているといいます。
　つまり、意識的に行動しているようにみえても、人の行動の大半は、無意識の力によって動かされていることになります。氷山の下に隠れている無意識を動かさなければ、人は動かないというわけです。

無意識に働きかけるのがミソ！

意識 ……… 自分がどう感じているか自覚できる領域

暗示 → 無意識 ← 暗示

無意識
自分では自覚できない領域

1　デキる人は暗示をジャンジャン使う！

無意識に適切に働きかけることで、考え方や行動がガラッと変わる！

繰り返しますが、**この無意識に影響を与えるのが、暗示です。**

暗示は、さりげない言葉やしぐさ、サイン、合図で示すことが主であり、「勉強しなさい」「片づけなさい」などといった、直接的な指示・命令は暗示になりません。これは意識への働きかけにすぎないため、ときには反発を招いてしまい、相手の行動を変えるまでに至りません。

一見、わかりにくいからこそ、拒絶することなく受け入れてしまい、ジワジワと効いていく、それが暗示の特性です。

なお、意識と無意識が葛藤したとき、必ずといっていいほど、無意識の力が勝ります。勉強しないといけないのにネットを見てしまった。部屋を片づけないといけないのに散らかしてしまう。

これらは、無意識が強く望む行動である可能性が高いのです。

では、悪習慣を捨てることはできないのか?

もちろん、**暗示を適切に使えば望ましい習慣はたやすく手に入ります。さらには試験勉強や筋トレ、ダイエットなども成功させる**ことができます。

暗示を上手に活用する方法を知り、役立てるためにも、さらに暗示について詳しく見ていきましょう。

POINT

無意識を動かすには、ズバッと言わず、示唆するほうがダンゼン響く!

効果の出る暗示とは？

ズバッと言わないほうがうまく導ける

1

3

【暗示とは？ 3】

デキる人は暗示を
〝意図的に〟使う

　暗示は生活の中にとけこんでおり、知らず知らずのうちに私たちの感情や行動に影響を与えています。

　普段、私たちがどのような暗示にさらされて、どのような影響を受けているのかを知ることで、「上手な使い手」になることができます。

　まずは、生活の中にあふれている暗示の実態を一緒に見ていきましょう。街を歩いたり、ネットショッピングしているときに必ずといっていいほど目にするのが、企業のロゴや社名です。

　実はこれらにもふんだんに暗示が使われています。親近感を感じさせることで、好感度を上げて商品を選んでもらったりするうえで一役買っているのです。ときには、株価を上げたりする効果があるという研究結果も出ているのは驚きです。

　皆さんには、こんな経験はありませんか。ぶらりと立ち寄ったお店で販売員の勧めるままに、思わず衝動買いしてしまった――。そんなときは必ずといっていいほど暗示が使われていると考えてよいでしょう。

生活にあふれている暗示

企業のロゴや社名

商品カタログ

ショッピング

商談

> 誰がも知らぬ間に暗示に触れてさまざまな影響を受けている

1 テキる人は暗示をジャンジャン使う！

このように、購買意欲を刺激したり、交渉を有利に進めたりするなど、ビジネス場面では当たり前のように使われている暗示。

　暗示は無意識に働きかける心理技法のため、たいていの場合、「これは暗示だ！」と自覚することはできません。生活の中にあふれている暗示に無防備なまま接しないためにも、暗示の使われ方とその効果を知っておくことは大事です。

　得てして、仕事で大きな成果を上げたり、人望があり、社会的なステイタスを得ている多くの人たちは、暗示を戦略的に使い、自分も人も上手に操り、望む結果を得ています。ぜひ読者の皆さんも暗示のメリットを大いに享受してください。

　暗示の使い方や効果を知る第一歩として、本章では、身近な生活の中にあふれている暗示の実態を紹介し、その効果について見ていきます。

　一見、当たり前な自分の感じ方や考え方、振る舞いなどが、いかに暗示の影響を受けているかを知ることで、世界の見方が一変することでしょう。2章以降からは、さらに具体的な暗示の使い方についてお話ししていきます。

POINT

暗示を上手に使えば
人生はもっと楽しくなる

4 【驚くべき暗示の効果1】
イメージアップに効果大!

企業のロゴマークには、さりげない「工夫」がなされているものがあります。

消費者やお客さまに気づかれにくい、こうした工夫は、「サブリミナル効果」を狙ったものと心理学的には分析できます。「サブリミナル」には、「閾下知覚」などという難しい訳語が当てられていたりするのですが、これも立派な暗示。人に意識されにくいところで、さりげなく暗示効果を働かせるものが「サブリミナル効果」だと思ってもらえばよいでしょう。

例えば、フェデックス・エクスプレスの会社のロゴ。「ただのロゴじゃないか」と思われるかもしれませんが、ここにもサブリミナルな暗示の効果が隠されているのです。

実は、「E」と「X」の間の空間をじっと見ていると、ここには「矢印」(⇨) が隠されていることがわかるでしょう (30ページ参照)。

このロゴを見ていると、この会社をよく知らなくても、物流や流通にとって大切な、「流れる感じ」がイメージされます。あるいは「スピード感」がイメージされるかもしれません。さらには、

「荷物が正しく届けられるイメージ」を感じるかもしれません。そういう暗示を受けるわけです。

これは、パレスチナにあるバーゼイト大学のウィダン・アブ・ガゼラが指摘していることです。

ガゼラは、本当にそういう効果が見られるのかどうかを実験で確認しているわけではありませんが、サブリミナル効果自体については、数多くの心理学者によって研究がなされています。
「なんとなく、この商品を欲しくなっちゃったな」と私たちが感じるとき、理由はよくわかりませんが、一種の暗示効果の影響を受けている可能性が非常に高いのです。

> **POINT**
>
> 企業のロゴが、サブリミナル効果のあるデザインになっていることがある

5 【驚くべき暗示の効果2】

テストの点数が
よくなる

何気なく目にしたものが、人の能力を左右する——。そんな衝撃的な事実を教えてくれる実験があります。

心理実験 -

ミズーリ大学のキース・シアミは、23名の大学生に15問のクイズをやらせてみたことがあります。

ただし、半分のグループには、テスト用紙の右上に、「テストバンクID：A」と書かれていました。「あなたの登録番号は『A』ですよ」と知らせるようなもので、学生もたいして気にはしなかったと思います。

残りの半分のグループには、テスト用紙の右上に「テストバンクID：F」と書かれていました。やはり登録番号は「F」だと知らせるようなもので、そんなには気にならなかったはずです。

しかし、実はこの操作こそが、シアミが仕掛けた唯一の暗示でした。日本の通信簿では、5段階評価が普通で、「5」が最高の成績ですが、アメリカでは、「A」が最高の成績に当たり、「F」は、最低の成績となります。

クイズを実施したところ……

たとえ意味のない登録番号とはいえ、「A」と「F」は、それぞれに成績のAとFを無意識的に暗示させるのではないか、とシアミは考えたわけです。

クイズの結果は、まさにシアミの仮説を裏づけるものでした。
テスト用紙に「A」とさりげなく書かれたグループでは、15問中、平均して11.08個もクイズを解けたのに対して、「F」と書かれたグループでは9.42個しか解けなかったのです。

もちろん、「A」のグループに、優秀な学生ばかりが集められたわけではありませんよ。それにもかかわらず、テスト用紙に「A」と書かれているのを何気なく目にした学生は、なぜか頭がよくなってしまったのです。

私たちは、何気なく目にしたものからも影響を受けます。

もし、自分が使っている手帳のカバーに、「1」とでも大きく書いておけば、「営業成績が1位になれるように頑張ろう」とか、「一流の人間になろう」といった意識が生まれてくるかもしれません。あるいはスマホの待ち受け画面に、「1」という数字が出るようにしておけば、スマホを開くたびに、「1位になるぞ」「1等をとるぞ」という暗示をかけることができるかもしれません。

POINT

「ナンバーワン」を示す数字や記号を目に入る場所に記しておくとよい

6

【驚くべき暗示の効果3】

会社の株価が
上がる

　社名が発音しやすいほど、私たちは、その会社に好意や親しみを感じます。発音しにくい会社は、どこかとっつきにくく、心理的な距離を感じるものです。

心理実験
　プリンストン大学のアダム・アルターは、社名の響きが、株価にも暗示的な影響を与えるのではないか、と考えました。
「どことなく響きのいい」社名を持つ企業は、当然、投資家たちに好まれやすく株価も上がるだろう、と考えたのです。

　投資家たちも人間ですから、客観的な指標だけでなく、社名の響きによっても、投資するかどうかを決めるはずです。社名の響きのよくない企業は、そんなに人気がないはずです。

　アルターは、分析を簡略化するため、会社のチッカー・コード（ticker code）を使いました。これはテレビやウェブサイトで使われる3文字の社名コードです。社名をそのまま分析するとデータが膨大になってしまうので、3文字に限定したわけですね。

34

発音しやすいチッカー・コードは、たとえば「KAR」といったものです。発音しにくいチッカー・コードは、「RDO」といったものです。

　アルターは、このように発音しやすいものと、発音しにくいものとに分けてから、ニューヨーク証券取引所とアメリカン証券取引所の取引データを分析しました。

　その結果、仮に1000ドルを投資したとして利益を計算してみると、1日後では、発音しやすい会社のほうが、発音しにくい会社より85.35ドルも利益が多くなっていました。アルターの仮説は正しかったのです。

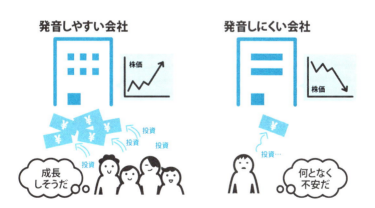

だれでも、発音しやすいものには好意を抱きます。

発音しにくいと、それだけで敬遠されるというのです。

これは会社だけではなく、人の名前にも当てはまることが実験結果で明らかになっています。

心理実験

ケンタッキー大学のクリス・オーサリバンは、発音しやすくて、響きもよい「マーク・フェアチャイルド」（Mark Fairchild）と、発音しにくくて、響きもあまりよくない「ジョージ・サングマイスター」（George Sangmeister）という2人の人物の名前だけを見せて、「あなたは、この人に投票するか？」と尋ねる実験をしてみたことがあります。

このときも、マーク・フェアチャイルドなら47％が投票すると答えたのに、ジョージ・サングマイスターには23％しか投票しない、という結果が得られました。

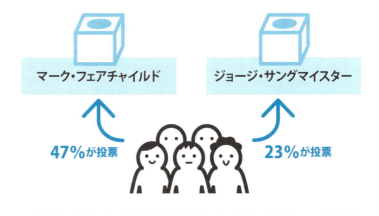

これから会社を始めようと考えている人は、事業内容について よく考えるのはもちろんですが、社名についても、しっかりと考 える必要があります。スムーズに発音できて、しかも音の響きの よい社名にすれば、それだけで会社の成長も期待できますからね。

POINT

**社名を発音しやすくすると、
支持されやすくなる**

1

7

【驚くべき暗示の効果4】
好感を持たれる

　芳しい香りがほんのりと匂い立つような状況で人に会うと、本当は、香りのおかげで快適になっているのに、「私は、目の前の人に会っているから、気持ちがいいのだ」と錯覚して、その人のことを好きになったりします。

心理実験

　ノースウェスタン大学のウェン・リーは、香りによって、相手に与える好ましさの印象が変わってくることを、実験的に確認しています。

　リーは、芳しい香りとしてレモンの香り、不快な香りとして汗の匂い、比較のための匂いとして、香りなし（空気）の３条件を設定しました。

　香りの強さに関しては、ほとんど感じとれないほどに薄められた香りと、はっきりと感じられる香りの２つの条件を設定しました。

　それぞれの香りを部屋に振りまいておき、その部屋で、80枚の顔写真を見せて、10点満点で好ましさの得点をつけてもらいました。

すると、ほとんど感じとれない状況のときには、レモンの香りがすると全般的に高い得点をつけることがわかりました。かすかにいい匂いがすると、全ての人の顔写真が好ましく見えたのです。

逆に、かすかではあっても、不快な汗の匂いがする部屋では、人は全般に悪い得点をつけました。

さらに、はっきりと香りが感じられるときには、レモンも汗もどちらもあまり好まれませんでした。

この実験を参考にすると、人に会うときには、芳しい香りを部屋や自分に振りまいておくとよいということがわかります。ただし、注意点がひとつあり、それは**できるだけ相手に感じさせないくらいかすかなほうが、よい印象を与えるのです。**

お客さまをお迎えする部屋も、事前に快適な香りにしておくとよいですね。そうすれば、高く評価してもらえる可能性が高まります。

あまり使っていない部屋などは、微妙にカビ臭い匂いがするので、そうなると逆効果です。自分も知らないうちに嫌われてしまう可能性があります。必ず事前に30分から1時間くらいは、窓を開けて換気をしておく気遣いも大事です。

POINT

かすかな香りのある部屋で人に会うと、心証がよくなる

1

8
【知られざる「人の操り方」1】
同調させる

　トム・ソーヤーの冒険というお話があります。ある日のこと、トムはポリーおばさんからペンキ塗りを命じられました。トムはペンキ塗りなどしたくありません。

　しぶしぶペンキ塗りをしていると、たまたま友達のベンが通りかかりました。そこでトムは一計を案じて、ものすごく楽しそうにペンキ塗りを始めます。

　するとそれを見ていたベンが、「ちょっと俺にもやらせてよ」と言うではありませんか。トムがペンキ塗りをしているのを見ているうちに、自分も我慢ができなくなってしまったのです。トムの作戦に、まんまと引っかかって、結局は、ベンがすべてのペンキ塗りをするというお話です。

　このように私たちは、他の人がやっていることを、自分でもやってみたくなるという習性があるようです。
　みんなと食事をするときもそうで、他の人が注文したものは、なぜかむしょうに食べたくなったりしませんか。「それ、一口ちょうだい」と言ってしまうのも、私たちは、他の人が食べているも

40

のを、自分でも食べたくなってしまうからに他なりません。

心理実験

デューク大学のロビン・タナーは、「一口ちょうだい」といってしまう心理を、実験で確かめています。

タナーは、広告の実験と偽って参加者を集めましたが、準備に時間がかかるので待っている間に、他の人と一緒にクラッカーでも食べていて、と伝えました。

ただし、そこに居合わせるのは実はサクラでした。サクラは、いろいろな動物の形のクラッカーの中から、もっぱら魚の形をしたクラッカーばかりを食べることになっていました。10秒から20秒おきに、魚のクラッカーだけを食べたのです。

クラッカーには30種類の形がありましたが、サクラが魚の形のクラッカーばかりを食べているのを見た参加者は、71％が同じ魚の形のクラッカーを口にしました。

比較するためにサクラが動物の形のクラッカーを食べる実験を行いましたが、44％しか魚の形のクラッカーを食べませんでした。

　私たちは、他の人が食べているのを見ると、自分も同じものを食べたくなってしまうことが、この実験からわかります。
「おいしいから、キミも僕の料理を食べてごらんよ」などとわざわざ言わなくても、相手はその料理を食べたくなっているでしょう。だれでも、そういう暗示にかけられるのですから。

　子どもの好き嫌いをなくしたいのであれば、子どもが嫌っているものを、親がおいしそうに食べて見せればいいのです。にんじんでもピーマンでも、親が「うまい、うまい」と言いながら食べていれば、子どもも、「ちょっと一口ちょうだい」と言ってくるのではないでしょうか。
「嫌いなものでも食べなさい！」などと怒らずとも、暗示を使えば、好き嫌いもなくさせることができるのですね。

POINT

人は他人を真似たくなる。
相手にさせたい行動を先んじてやるのも◎

【知られざる「人の操り方」2】
自尊心をくすぐる

　私たちは、自分自身が好きなものです。実は、自分の名前も好きなことが実験結果で明らかにされているのですが、さらにいうと、自分の職業も好きなようです。

　例えば、会合などで自己紹介をしたときに、同業者と聞いただけで、なぜか親しみや好意を感じませんか。「自分と同じ職業の人に悪い人なんていない」となんとなく思い込んでいるからかもしれません。

心理実験

　フランスにあるブレーズ・パスカル大学のマークス・ブラウアーは、医者、弁護士、ウェイター、美容師を集めて、自分の職業、または他の職業について、好きかどうかを100点満点で答えてもらいました。その結果、次ページのような結果になりました。

	ターゲット			ターゲット	
	医者	69		医者	58
医者	弁護士	51	弁護士	弁護士	53
	ウェイター	51		ウェイター	50
	美容師	52		美容師	51
	医者	52		医者	57
ウェイター	弁護士	44	美容師	弁護士	48
	ウェイター	72		ウェイター	52
	美容師	54		美容師	68

(出典：Brauer,M. より)

　この結果からわかる通り、医者は医者に対して一番高い得点を
つけました。医者は、同業の医者に好意を感じていたのです。同
じことは、ウェイターにも、美容師にも当てはまりました。それ
ぞれに一番高い得点をつけたのは、自分と同じ職業の人でした。

　唯一の例外は弁護士。
　なぜ、弁護士は、同業の弁護士に一番の得点をつけなかったの

かというと、法廷で敵になったりすることがあるからかもしれません。あるいは、法廷においては、自分にとって都合のいい判決を得るために、口八丁手八丁な答弁を繰り広げるという狡猾な一面を知っているからかもしれません。

　ともあれ、例外はあるようですが、私たちは基本的に自分の職業が好きなのです。

　ですので、知らない人に職業を尋ねるときには、相手が何と答えようが、「いやあ、立派なお仕事ですね！」と感心してみせると喜ばれるでしょう。
「私の仕事は、大変なばかりで、いいことなんてちっともないんですよ」と言っている人でさえ、心のどこかでは自分の職業に誇りを持っているものです。ですから、他の人にホメてもらえれば、さらに嬉しいのです。

POINT

**相手の職業をホメると
たいてい好感を持たれる**

10 【知られざる「人の操り方」3】
記憶に埋め込む

テレビでたくさん流されている CM ソングを、つい口ずさんだりしてしまうことは、だれにでも経験があるのではないかと思います。知らず知らず、その CM の影響を受けていることがこれでわかりますね。

私たちの心は、何気なく、見たり、聞いたりしているものに暗示的な影響を受けているものですが、面白いところでは、「生まれてくる子どもの名前」も、その影響を受けているようなのです。

子どもの名前は、とても大切なものですから、親がうんうん唸りながら真剣に考えるものなので、「暗示の影響など受けないだろう……」と思うかもしれません。

ところが、そうでもないようです。

『サイエンス・デイリー』に発表されている、ペンシルバニア大学のジョナ・バーガーの研究をご紹介しましょう。

研究結果

　2005年8月末に、アメリカ南部に観測史上最大級の被害をもたらした超大型ハリケーン「カトリーナ」が襲来しました。ルイジアナ州、ミシシッピ州などで1800人以上が死亡、約120万人が避難した、と聞けば、そのすさまじさがわかるでしょう。

　アメリカ史上最大級の自然災害ということで、当然ながら、マスコミも連日のように報道しました。テレビのニュースでは、「カトリーナ」「カトリーナ」という言葉が毎日のように連呼されたのです。

　バーガーは、これだけ「カトリーナ」という言葉が連呼されたら、それが影響を持たないはずがないと考え、カトリーナ襲来の翌年に生まれた新生児の名前を調べてみたのです。
　するとやはり、カトリーナの頭文字と同じ「K」で始まる赤ちゃんの名前が、カトリーナ襲来の前年に比べて9%も増加していたではありませんか。

「カトリーナ」という名前そのままではなくとも、心のどこかで暗示的な影響を受けた親たちは、子どもの名前に、無意識に「K」をつけてしまっていたのです。

日本でも、戦前や戦中に生まれた男の子には、「勇」や「武志」といった、どことなく勇ましい響きのある名前が多くつけられたように思います。それも社会的な背景の影響を受けているのでしょう。

　毎年、子どもの名前の人気ランキングが発表されますが、その年々で人気となる名前が少しずつ変わるのも、その年、話題となった人物や出来事の影響を受けてのことでしょう。

　よく目にするものや、耳にするものに影響を受けるという点でいえば、テレビやネットニュースなどでよく目にする芸能人やタレント、スポーツ選手の名前の影響も見逃せません。

　ファンだから、憧れているからという理由で、子どもに同じ名前をつけている人もいるでしょうが、毎度、連呼される名前に影響を受け、それとは気づかずに、名前をつけている人もひょっとしたらいるかもしれません。

POINT

**子どもの名づけすら、
暗示の影響を受けることがある**

【知られざる「人の操り方」4】
思惑通りに行動させる

私たちの思考というのは、すべてが一貫しているわけではなく、脈絡もないことが、とりとめもなく流れているようなものです。

にもかかわらず、一度、頭の中で考えたことは、その後の行動や判断に影響を与えてしまいます。これを「プライミング効果」といいます。

心理実験

シカゴ大学のアパルナ・ラブルーは、110名の大学生に、「カエル」という単語を見せて、どれくらい鮮明に、どれくらいたやすくカエルのことが頭に思い浮かべられるか、という実験を行いました。

次に、まったく別の実験を装って、ワインの評価をしてもらいました。2つずつのワインのペアを見せられて、好ましいものを選ぶという実験です。

なお、ワインにはさまざまなラベルが用意されていました。船の絵が描かれているもの、自転車が描かれているもの、カバが描

かれているものなど 24 種類のラベルが用意されていました。そして、そこには、カエルが描かれたラベルも入っていたのです。

ラブルーは、最初の実験で、カエルのことを頭に思い浮かべた人は、ワインを選ばせる実験でも、無意識のうちに、カエルのラベルが描かれたワインを選ぶのではないか、と考えたのです。

実際、その通りになりました。カエルのことを考えさせられた学生たちは、2つのワインのペアのうち、カエルの描かれたラベルのワインを選ぶ割合が高かったのです。なんとも不思議なものですね。

もうひとつ面白い実験を紹介しましょう。

心理実験

ニューヨーク大学のジョン・バーグは、30 名の大学生に、「お年寄りというのは、どういう特徴があるでしょうか？」という課題を出しました。学生たちは、「頑固だ」とか、「顔にシワが多い」とか、「白髪」というように、好きなようにお年寄りの特徴を挙げていったのです。

そこで実験が終了になり、学生たちは部屋から出て廊下を歩い

ていくのですが、本当はここからがバーグの知りたいことでした。

バーグは、廊下を10メートル歩くスピードを測定してみたのです。すると、直前にお年寄りについて考えさせられた学生は、10メートルを歩くのに8.28秒かかりました。他のことを考えさせられたグループの学生は、平均して7.30秒でしたから、ゆっくりと歩くようになったことがわかります。

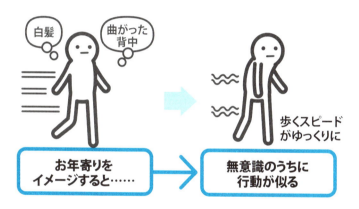

「お年寄り」について考えさせられた学生は、自分でも気づかないうちに、お年寄りと同じように、ゆっくり歩く、という行動をとるようになっていたのです。

老後についてむやみに悩んだり、自分が年を取ったときのことなどを考えていると、どんどん老化してしまうかもしれません。

　できることなら、イキイキとした自分を思い描きながら、毎日を快適に楽しく過ごしたいものですね。

POINT

頭に思い浮かべたことが、
判断や行動に大きく影響する

12 【知られざる「人の操り方」5】
認知を
ゆがめる①

私たちは、自分のことについてはよく知っていると思い込んでいます。自分のとった行動についても、どうしてそんなことをしたのか、理由をはっきり答えられると思っています。

けれども、本当のところ、なぜそんなことをしたのか、理由がよくわからないままに行動していることも少なくありません。いえ実は、何らかの影響によって、「行動させられている」ということもよくあるのです。

心理実験 -

コルゲート大学のドナルド・レアードは、ニューヨーク在住の250世帯を訪問し、主婦たちにストッキングの品質を評価してもらう、というお願いをしてみたことがあります。

4つのストッキングを確かめてもらい、その中で1番いいものを選んでもらう、という実験です。

ただし、4つともすべて同じストッキングでした。違うのは、ストッキングについた匂いだけ。それぞれのストッキングは別々の箱に入っていて、他のストッキングには匂い移りがしないよう

になっていました。

　４つのストッキングのうち、３つには匂いがついていました。スイセン、フルーツ、匂い袋（論文では「sachet」としか書かれていませんでしたので、具体的にどんな匂いなのかがわかりません）の３つです。最後の１つには、匂いはついていませんでした。
　それぞれの匂いを１番に選んだ人の割合は次のようになりました。

	１番に選んだ人の割合
スイセン	50％
果物	24％
匂い袋	18％
匂いなし	8％

（出典：Laird,D.A. より）

- -

　この実験の面白いところは、選んだ理由についても聞いてみたことです。
「あなたはどうしてこのストッキングを選んだのですか？」とレアードは尋ねてみたのですが、みんな同じ品質のストッキングで

あるにもかかわらず、聞かれればみんな理由をちゃんと答えてくれたのです。

「これは手触りがいい」「スタイリッシュだ」などと。「匂い」を理由に挙げた人はまったくいませんでした。匂いしか違いはなかったはずなのですけれども。

　私たちは、どうしてそれを選んだのか、理由をきっちり自分でもわかっているわけではありません。無意識のうちに、何らかの影響を受けていることもあるのです。自分ではそれを選んだ理由をわかっているような気がしても、本当の理由は別にある、ということも珍しくはないのです。

POINT

**商品の好き嫌いを
たいした理由もなく決めることがある**

13

【知られざる「人の操り方」6】

認知を
ゆがめる②

　私たちは、自分の判断や選択の理由がはっきりしなくても、つじつまが合うように、理由をデッチあげることがあります。

　自分が選んだストッキングが、本当は匂いの影響を受けているだけなのに、「手触りがよい」などの理由をデッチあげる、というお話はすでにしましたね。

　この原理を明らかにするため、さらに巧妙に細工された実験についてお話ししましょう。

心理実験 -

　スウェーデンにあるルンド大学のピーター・ヨハンソンは、参加者に2人の女性の写真を見せて、どちらが魅力的かを聞きました。

　写真はトランプのカードのようなものに貼られていて、15組の女性の選択をすることになっていました。

　ただし、15回の選択のうち、3回では、実験者がトリックを使って、一瞬カードを伏せたときに、参加者が「選ばなかった」ほうの女性を、「この人ですね？」と言って見せたのです。

それから、「なぜ、この女性を選んだのですか？」と理由を聞くと、なんと先に選んだ女性とは違う女性を見せられているというのに、「凛々しい顔をしていると思う」とか「微笑んでいるから」と理由をしっかりと語り始めたではありませんか。

　さすがに自分が選んだ女性とは、全然違う顔の女性の写真を見せられれば、「あれっ、私が選んだのはこの人じゃないよ」と気づきそうなものですが、ほとんど気づかれなかったのです。

　ヨハンソンは、118人の参加者に、全部で354回のすり替えを行いましたが、気づかれたのはそのうち46回。割合で言うと13％。9割近くは、気づかれなかったのです。

私たちは、自分が「選んでいない」ときにも、理由を聞かれれば、それなりにつじつまが合うように理由をデッチあげてしまうようです。

　テレビの番組では、暗示にかけられた人が、ジュースを飲むように指示されることがあります。ジュースを飲んだところで、暗示が解かれて、「なぜ、あなたは今ジュースを飲んだのですか？」と尋ねられると、「いやあ、ちょうど喉が渇いちゃって」などと理由を語るのです。本当は、暗示にかけられていたのに。

　市場調査の結果を100％信用できないのも、人は理由を簡単にデッチあげるからです。
　ＡとＢという商品があったとして、「なぜＡを選んだのですか」と尋ねても、本当の理由などはわかりません。理由を聞かれれば、だれでも適当な理由を考え出すものだからです。

POINT
暗示によって何らかの行動を促されたとき、その理由をデッチ上げることがある

14 【成果につながる暗示1】
交渉を有利に進める

　交渉を有利に運ぶために、膨大な時間をかけてあれこれと策を練る——。こんな労力を使わずに、やすやすと人の心をつかみ、有利に交渉を進める秘けつを見出した興味深い実験があります。

心理実験
　マサチューセッツ工科大学のジョシュア・エイカーマンは、硬い木の椅子に座っているときと、柔らかなソファに座っているときとでは、人間の心理は違った影響を受けるのではないかと考えました。
　「硬い木の椅子に座っていると、心も硬化していく。逆に、柔らかなソファに座っていると、心もリラックスするので、態度も柔らかくなっていくのではないか」という仮説を立ててみたのです。

　この仮説を検証するため、エイカーマンは、参加者を硬い木の椅子と、柔らかなソファのどちらかに座らせて、疑似的な交渉の実験をしてみました。
　具体的には、「あなたが自動車を買いに販売店を訪れたとして、16500ドルという価格がついている自動車に、いくらの購入希

望価格を提示するでしょうか？」と尋ねてみたのです。

　すると、硬い木の椅子に座らせられたグループでは、平均して8965ドルという答えになりました。
　販売店の希望価格が16500ドルなのですから、「だいたい半値にしてくれるなら買うよ」ということです。これはかなり頑なで、ずいぶん強気な態度だといえるでしょう。硬い椅子に座っているだけで、心も硬化するという仮説通りでした。

　柔らかなソファに座って同じ判断をしたグループでは、平均して12436ドルという提案を販売店にするだろうと答えました。「少しまけてよ」というわけですが、より穏当な提案だといえるでしょう。

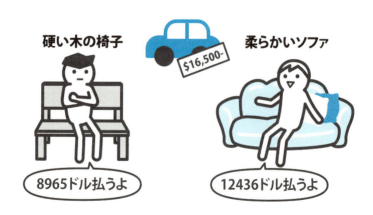

この実験からわかる通り、硬い木の椅子に座っていると、どうも人間は心まで硬化してしまうようですから、実際に交渉をするときには、**できるだけ交渉相手にも、柔らかな椅子に座らせたほうがいいといえるでしょう。**

お互いに硬い木の椅子になど座っていたら、お互いにギスギスしてきて、交渉がうまくまとまらなくなってしまいますからね。

お互いの心を柔らかくしたいのであれば、できるだけ柔らかなクッションの効いた椅子なり、ソファなりに座って語り合ったほうがいいのです。

オフィスにおいては、従業員に、ピリッとした意識を持って仕事に取り組んでもらいたいときには硬い木の椅子を、柔軟なアイデアを自由に出してもらったり、リラックスして仕事に取り組んでもらいたいときには、少しクッションが効いた柔らかな椅子に座らせてあげるとよいでしょう。

POINT

柔らかなソファに腰をかけていると、心も柔らかくなる

15 【成果につながる暗示2】
特定の商品を
購入させる

　私たちの脳みそは、右脳と左脳にわかれているのですが、特に感情を揺さぶりやすいのは右脳だといわれています。左脳は、計算や推論など、理知的な働きを司っていて、右脳は直観や感情などを司っているからです。

　見開きの雑誌や新聞などを目にするとき、左側にあるものは、右脳で処理されやすく、右側にあるものは、左脳で処理されやすいことがわかっています。

心理実験
　フロリダ大学のクリス・ジャニスツェウスキは、広告を見せるときに、左側に置いたほうが、より好ましく評価されるのではないかと考えました。なぜなら、左側に置かれた広告は、右脳で処理されやすく、感情を強く揺さぶると考えられるからです。
　この仮説を検証するため、ジャニスツェウスキは、大学生に10ページの新聞の中から4つの記事を読むように指示しました。記事は、オレンジ色の点線で囲んであり、そこだけを読めばいいのです。

けれども、ジャニスツェウスキは、ページの左側と、右側に、さりげなく毛皮のコートの広告を載せておきました。学生は、広告をじっくりとは見ることはなかったでしょうが、記事のそばにあるので、少しは目にしたでしょう。さりげなく見せるのは、暗示の常套手段でもあります。

左側に広告を載せると、商品への好感度が上がる!

　それから、別の実験として、毛皮のコートについての広告に点数をつけてもらいました。「好きか嫌いか」「快か不快か」など5項目について、それぞれに9点満点で得点をつけてもらったのです。5項目ともに9点満点ですから、合計で45点満点になります。

　その結果、ページの左側に広告を置いたときには平均して33.19点になり、ページの右側に置いたときには、28.00点と

なりました。やはり仮説通り、左側に置いておいたほうが、好ましく評価されたのです。

　資料やパンフレットを作成するときには、「この商品をお客さまにぜひ売りたい！」という一押しの商品は、なるべく左側に載せるといいでしょう。そのほうが右脳を刺激することができます。

　商品を陳列するときにも、同じ台であれば、おそらくは右側よりも、左側の商品のほうがよく売れるのではないかと思います。「右脳を刺激するのは左側」という原理を覚えておくと、いろいろなところに応用できるはずです。

POINT

選ばせたいものは 「左側」に置いてみよう

16 【成果につながる暗示3】
購買率を上げる

ヒトラーは、大衆に向けて演説をするときには、徹底的に演出にこだわりました。ヘリコプターで会場に現れて、スポットライトが自分に当てられるような仕掛けをしておきました。大衆は、こうした演出によってヒトラーに心酔していったといわれています。

キリストにしろ、仏さまにしろ、後光が差しているような絵画や彫刻がよく見られますね。あれは、光が当てられているものに対して、私たちがありがたいと思う心理を高めるためです。

商品も同様です。

自分が売りたい商品には、ライトを当てて光り輝くように見せるとよいのです。そうすれば、その商品を購入してくれるお客さまは一気に増えるでしょう。

心理実験

ルイジアナ州立大学のテラサ・サマーズは、2つのアパレルショップにおいて、ディスプレイに照明を当てる、または当てない、という実験をしたことがあります。そして、ショップにやって来た2367名のお客さまの行動を調べてみたのです。

その結果、照明が当たっていると、当たっていないときと比べて、商品に触れる回数が約2倍に増えました。また、購買率も増えました。

　さらにディスプレイ前にとどまる時間を測定してみると、照明が当たっているときには21.76秒で、当たっていないときには16.11秒でした。照明を当てることは、非常に効果的な作戦だといえます。

　一口に照明といっても、いろいろな色があります。実際、どのような色が購買意欲を高めるのでしょうか。

心理実験

　ドイツにあるヨハネス・グーテンベルグ大学のダニエル・オバーフェルドは、ワインショップを訪れた75名ずつの男女のお客さまに実験に参加してもらいました。

　オバーフェルドは、白ワインの試飲をお願いするのですが、照明をいろいろと変えて試飲してもらったのです。なお、ワイングラスは黒色で中身がわからないようにしました。

　その結果、赤色と青色の照明にしたときに、「ワインがおいしい」と評価されました。そして、「いくらなら買ってもらえるか」と尋ねると、「5ユーロなら出してもいい」という答えが返ってきました。

　あまり好まれなかったのは、緑色と白色の照明でした。このときには、「ワインがおいしくない」と答えて（もちろん同じ白ワインでしたが）、「4ユーロなら出して買ってもいい」と答えました。

　この実験結果から照明によっても、人の心はずいぶん大きな影響を受けることがわかるでしょう。

POINT

適した照明の色で商品を照らすと、特別感が増して手に取りたくなる

人の能力を飛躍的に伸ばす

「負の暗示」を解く方法

2

1

【負の暗示をかけないコツ1】

暗示の効果
と注意点

1章では、身近にあふれている暗示の使われ方やその効果、影響について見てきました。

知らず知らずのうちに心を動かし、狙った方向に導くことができる——。暗示の持つこうした特性を活用することで、労力をかけずに、望み通りの結果を手にすることができます。

さて、自分にかける暗示の一つに「自己暗示」があります。本章では自己暗示の上手な活用法について、詳しくお話ししていきます。

自己暗示とは、文字通り、自分に暗示をかけること。

皆さんも、仕事をしていて「今日はうまくいきそうだ」と感じたことはありませんか。こんなふうに思えた日は、頭が冴えて、パフォーマンスが上がるものです。

一方、「ちゃんとできるか心配だ」などと感じると途端に心配事があれこれ浮かび、集中力がとぎれるなど、パフォーマンスが下がってしまうことがあります。

仕事がうまくいく、うまくいかない、という暗示を知らず知らずのうちに自分にかけているのです。

暗示のかけ方で、人生が変わる!

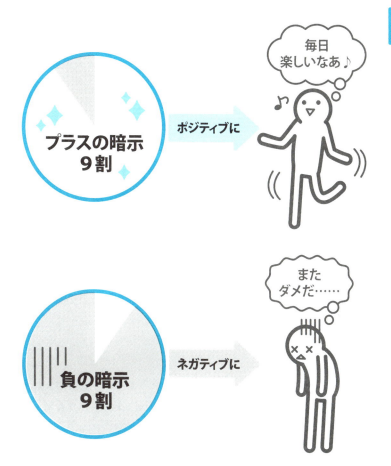

同じ暗示をかけるなら、上手にかけて、仕事に限らず、人間関係やプライベートを充実させてみませんか。

　そこで、活用してほしいのが自己暗示です。自己暗示によって、こうした願いをラクラクと叶えられるようになります。

・良い習慣を身につけたい
・不安を解消したい
・人間関係を楽に築きたい
・前向きになりたい
・行動力をつけたい
・成功体質になりたい

　いずれも暗示の力を使うことで、徐々にではありますが、確実にうまくいくようになります。

　ところで、本来、自己暗示の効果は目覚ましいものがありますが、ときにさほど効果が見られないときがあります。それは、どんなときなのでしょうか？

　それは心のどこかで「どうせムリだろう」「うまくいくはずない」という考えがあるときです。**自己暗示がうまくいかない最大の原因は、自分に「負の暗示」をかけてしまい、ネガティブなイメージに縛られてしまうからなのです。**

　暗示は、望むような自分に導いてくれることもあれば、逆に、自分自身を苦しめるような方向に働くこともあります。その意味では、諸刃の剣のような部分もあるのです。

そこで本章では、暗示をよい方向に使うために、負の暗示を解いて心を軽くし、本来の力を発揮するための方法についてお話ししていきます。

・悪い方向に考えてしまう
・自分を否定してしまう
・成功イメージを描けない
・弱気な心に支配されやすい

こんなときこそ、暗示の出番です！

自己暗示はコツさえわかれば、誰でもたやすく使えますし、皆さんの能力を開花させる素晴らしい力を秘めています。では、早速、具体的なやり方についてお話ししていきます。

POINT

マイナスの暗示を解けば、
望み通りの効果を得られる

2

【負の暗示をかけないコツ2】

こんな暗示だと
うまくいかない

　自己暗示に失敗する人には、ある種の決まったパターンのようなものがあります。**それは、プラスのことを考えているようで、結局は、マイナスの暗示をかけてしまうパターンです。**

「絶対にお金持になってやる！」
「一流のピアニストになる！」
「絶対に、現役で合格してやる！」

　これらはプラスの暗示ですから、問題ありません。ところが、**自己暗示に失敗してしまう人は、ここからさらに余計なマイナスのことまで頭に思い浮かべてしまうのです。**例えば、

「お金持になるっていっても、どうせ夢物語だろうなあ」
「私が一流のピアニストになるなんて、思い違いもはなはだしいわ」
「現役合格だなんて、僕の学力じゃ、ムリムリ」

　これでは、マイナスの暗示が働いてしまってもしかたがありま

どちらがうまくいく?

お金持ちになりたい！

ネガティブなイメージを描く

どうせうまくいかない…

実現！

ドンドン貧乏になる

うまくいくイメージを描く

実現！

お金が増えて毎日楽しくなる

2 「貧の暗示」を解く方法

せんよね。

　暗示をかけるときは、その内容が大切です。
　暗示の内容がプラスなのか、マイナスなのか、それによって得られる効果が全く異なるのです。

　自分ではプラスの暗示をかけているのに、うまくいかない人は、結局、マイナスの暗示をかけているのではないかと考えてみる必要があります。
　同様に、いつまで経っても暗示の効果が得られずに、望んでいないことばかりが起きてしまう人も、マイナスの暗示をかけている可能性があります。

「引き寄せの法則」という言葉を、読者の皆さんもお聞きになったことがあるかもしれません。
「引き寄せの法則」というのは、結局のところ、自分が望んでいるものが手に入る（引き寄せられる）という暗示の効果によるものだと考えられます。この法則を実行するときも、プラスよりもマイナスな出来事を思い浮かべてしまうと、マイナスの結果ばかりが引き寄せられてしまうということは注意しておく必要があるでしょう。

　ロンダ・バーンの『ザ・シークレット』（角川書店）には、次のような暗示の失敗例が紹介されています。

「洋服に何もこぼしたくないなあ」

　→結局は、ソースなどをこぼしてしまう

「遅れたくないなあ」

　→結局は、待ち合わせの時間に遅れる

「風邪をひいたら困るよなあ」

　→結局、風邪をひく

　私たちの暗示は、一番強く思い描いていることを実現させてしまうものですが、「風邪をひきたくない」と思っていると、寝込んでいる自分の姿などが連想されてしまい、これがマイナスの暗示となるわけです。

　暗示をかけるときには、ぜひプラスの暗示にしてください。「風邪をひかないように気をつける」ではなくて、「元気いっぱいにスキップして歩く自分の姿」などを思い浮かべるのが正解です。

POINT

暗示をかけるときは
マイナスな内容は排除する

2-3 【負の暗示をかけないコツ3】
傷を広げる暗示に注意する

　例えば、職場で、「書類の作成が遅いな」と上司に言われたとしましょう。上司は、悪意があって言ったわけではなく、「君は、他の仕事はびっくりするくらい速いのに、書類の作成にはずいぶん時間をかけるんだな」という、ちょっとした事実を指摘しただけかもしれません。

ところがネガティブに捉える人は、「私は、無能だ」といった暗示を自分にかけてしまうのです。上司は、そんなことを一言も言っていないのに……。

このように過敏に反応しやすい人ほど、自分におかしな暗示をかけて傷口を広げていないかどうかに気をつける必要があります。

相手の発言を誤解して受け取ることを「ミスコミュニケーション」といいます。

男女の間には、このようなミスコミュニケーションがよく見られるとオーストラリアにあるマードック大学のレイチェル・オーバーンは指摘しています。

知り合いの女性を、「日曜日に映画でも見に行きませんか？」と誘ったとしましょう。ところが、あいにく返事は「ノー」。

このとき、男性の多くは、「自分は嫌われているのだ」と思い込んで、「僕のような男は、だれからも好かれないのだ」といった暗示を自分にかけてしまいがちです。

けれども、拒絶されたわけではなく、女性はたまたまその日は他の用事があっただけで、翌週なら OK してくれたかもしれません。「単に都合が合わなかっただけ」と考えればいいだけの話ですが、余計なことに気を回しすぎてしまうのです。

おかしな思い込みに振り回されないためにも、その都度、きちんと確認をとるとよいでしょう。

例えば、人に悪口を言われたと感じたときには、

「○○ってどういう意味なのでしょうか？」

このように確認すれば、相手の真意もきちんとわかります。

　デートに誘って断られたときは、
「今回は都合がつかないようだから、別の日に誘ってもいい？」
このように確認をとるようにすれば、おかしな誤解をせずにすむでしょう。

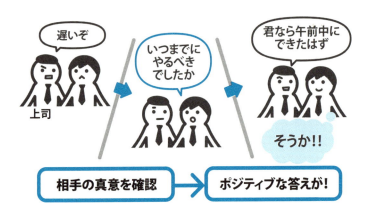

POINT

人の言葉を悪く受け取るクセが あったら即刻、改めよう

【負の暗示をかけないコツ4】

うまくいく
イメージを描く

　自分に暗示をかけるときには、自分がうまくやっているところだけをイメージしましょう。要するに、プラスのことだけを考えるのです。

　ボクシングの元ヘビー級チャンピオンのマイク・タイソンが来日したとき、記者の一人が、「あなたはボクシングを始めてからダウンしたことはありますか?」と質問したことがありました。

　もちろん、無敵のタイソンでもダウンしたことはあるに決まっていますが、トレーナーのケビン・ルーニーは間髪を入れずに、「あるわけないだろ。これからもない。タイソンは倒れもしないし、負けもしないんだ」と答えたのです。

　後になって、ルーニーは「彼に過去のことを思い出させて自信を失わせたくなかった」と本音を語っていたといいます(高橋慶治著、『スポーツ別　メンタルトレーニング』ナツメ社)。自分がダウンした姿などをまざまざと思い出していたら、「マイナスの暗示」が働くに決まっています。だから、そういうイメージを描かないようにすることが大事です。

「そんなことをいっても、うまくいかないことばかりが頭に浮かんでしまうのですが、どうすればいいですか？」

と思う読者もいらっしゃるでしょうね。

こんなときは、すぐに〝思考停止〟。

マイナスなことをイメージするのは避けられないとはいえ、その被害を最小限に抑えることはできます。ダメージ・コントロールをするわけです。

ちょっとでも、マイナスのイメージが頭に浮かんだら、すぐに「あっ、これはダメだ。はい、やめ！ やめ！ 考えるのはやめた！」と自分に言い聞かせてください。

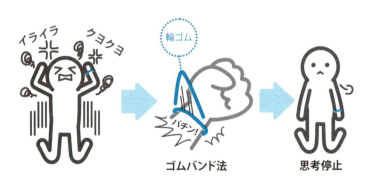

思考停止するときには、「ゴムバンド法」と呼ばれる方法もあります。これは、手首に輪ゴムなどを巻いておいて、よくない思考が頭に浮かびそうになったら、輪ゴムを引っ張ってパチンと鳴らし、思考停止させる方法です。

心理実験

　米国ペンシルバニア州にあるペンデル精神センターのマックス・マステロンは、よくないイメージが頭に浮かぶたびにゴムバンド法を試すように試みたところ、1週間ほどでよくない思考が浮かばなくなり、9カ月後の再検査でもゼロのままで、しかもゴムバンドを外しても元に戻らなかった、という報告を行っています。

2

「負の暗示」を解く方法

　思考停止をしても、よくないイメージがどうしても浮かんでしまうのであれば、よくないイメージが、少しずつプラスの結果になっていくような空想をするのもいいでしょう。

　スポーツでいうなら、どんどん相手に追い詰められていくものの、最終的には自分が逆転しているところまでイメージを膨らませるのです。たとえマイナスのイメージが頭に浮かんでも、最終的にはプラスのイメージにつながるようにすればいいのです。

POINT

**悪いことを思い浮かべたら、
輪ゴムを腕に巻き、パチンとはじこう**

2

5

【負の暗示をかけないコツ5】

「○○しない」は逆効果

「○○しないように」という否定形の暗示はうまくいきません。「風邪を引きたくないなあ」と思っていると、かえって風邪をひきやすくなってしまうのは、否定形での暗示だからです。「○○しない」という否定形での暗示は、たいてい失敗します。

　自己暗示をかけるときには、**まず自分なりに文章を紙に書き出してみて、否定形の表現になっていたら、違うセリフに置き換えてください。**否定形のままで自己暗示をかけると、望ましい結果を得られないばかりか、逆の結果を招きかねませんからね。

心理実験

　ハーバード大学のダニエル・ウェグナーは、ドストエフスキーの著作『冬に記す夏の印象』の中に、面白い文章を見つけました。「ためしに自分にむかってこう命令してみたまえ。ホッキョクグマのことを考えてはいけない。するとその呪われたクマが、いつもキミの頭から離れなくなってしまう」

　ウェグナーは、本当にその通りになるのかを実験するため、教え子たちを集めて「シロクマだけは考えないように」と頼んでみ

ました。

そして、「もしシロクマのことが頭に浮かんでしまったら、ベルを鳴らして教えてほしい」とお願いしてみたのです。すると、なんとしたことか、実験をスタートすると、あっという間に、ベルの音があちこちで鳴り響いたのです。

ウェグナーはこれを、「皮肉効果」と名づけましたが、「シロクマ効果」とも呼ばれています。

「シロクマだけは考えまい」とすると、皮肉なことに、そのことばかりを考えてしまうわけですね。

失恋したとき、「もう、あの人のことを考えるのはやめよう」とするのは、心理学的にいって、よくないやり方であることがおわかりになるでしょう。別れた恋人のことを考えるのをやめよう、やめよう、とするほどに、かえってその人のことばかりが頭に浮かびやすくなってしまいます。

自己暗示をするときには、「○○しませんように」といった否定形の暗示表現はくれぐれも避けてください。

POINT

「○○○しない」という暗示は逆効果。避けたい事態を招いてしまう

2

6

【暗示がもたらすスゴい影響1】

ダイエットが
うまくいく暗示とは？

「もう○○しない」という禁止の暗示も、なかなかうまくいきません。

「もうお酒は飲まない」
「もう食べ過ぎない」
「もうタバコは吸わない」
「もう遅刻はしない」

　これらの暗示は、おそらく失敗するでしょう。**何かを禁止しようとすると、その禁止しようとしている、まさに「その何か」のことが頭に浮かびやすくなってしまうからです。**
　肥満であることを気にして、「もうお菓子なんて食べない！」と決意した女性がいるとしましょう。
　ところが、残念ながらそのような決意はそんなに長く続かないと思います。お菓子を食べまい、食べまい、と思えば思うほど、「お菓子が食べたい」という気持ちが強くなり、そのうち誘惑に負けることになります。

86

では、ダイエットしたいのなら、どのように暗示をかけるといいのでしょうか。中井英史さんの『人の心を操る催眠術「ブレイン・ハック」』（フォレスト出版）によれば、次のようなセリフで自己暗示をかけるのがいいとのことです。

「野菜が大好きで、野菜をたくさん食べたくなる」
「ほんの少し食べたら、すぐにお腹いっぱいになる」
「食べたら、身体を動かしたくなる」

　こういう暗示のほうが、ダイエットを成功させることができるそうですよ。「甘いものは絶対に食べない」といった禁止の暗示はなかなかうまくいかないばかりか、かえって甘いものが食べたくなってしまうのでやめましょう。

ダイエットはどちらがうまくいく？

その点、「低カロリーのものが大好きになる」という暗示なら、結局は、甘いものを食べずにすませることができます。

　細かいことをいうと、暗示には直接暗示と間接暗示という種類があるのですが、うまくいくのは間接暗示なのです[注1]。

　例えば、無性にイライラ感が募ったとき、「そんなにイライラするな」と自分に言い聞かせるのが直接暗示で、「春の野原に寝そべって、のんびりしている自分を思い浮かべる」のが間接暗示です。

　禁止の暗示は、どちらかというと直接暗示になりがちで、そういう暗示はうまくいかないのですね。

注1　参考文献：『入門 自己催眠法』門前進著・誠信書房

POINT

**禁止するのではなく「運動が好きになる」
「すぐ満腹になる」といった暗示が◎**

7 【暗示がもたらすスゴい影響2】
つらいときこそ悲しい曲を聴く

気分が落ち込み、どうしようもなくつらい……。

そんなとき、皆さんはどうしていますか？

気分が落ち込んだときこそ、気分を明るくするようなポップな曲を聴いて自分の気持ちを盛り上げようとする方も少なくないでしょう。

気分が「落ちて」いるのだから、「上げる」曲のほうがいいだろう、と漠然と思うからかもしれません。

けれども、これはどうも違うようなのです。

ある心理実験から、悲しい気分のときには、悲しい曲を聴いたほうが悲しみは和らぐということが明らかにされています。心をいたわり、悲しみから解放してくれるという意味では、私たちにエールを送ってくれる応援歌のような暗示効果を期待できるといえるでしょう。

心理実験 -

京都大学大学院文学研究科（当時）の松本じゅん子さんは、このことを実験的に確認しています。

369 名の大学生に対して、まず人生の中で最も悲しかった出来事を 12 分間、書き出してもらいました。これは悲しい気分にさせるための操作です。

次に、フランスの作曲家エリック・サティのピアノ作品集から、悲しい曲を 2 曲、明るい曲を 2 曲選んで、悲しい気分になった学生に聞かせてみました。

悲しい曲には、"Gnossienne No.3" と "Gnossienne No.5" を使い、明るい曲には、"Le Piccadilly" と " Je Te Veux" がそれぞれに使用されました。

では、悲しい気分が和らいだのはどちらなのかというと、悲しい曲のほうだったのです。

この実験結果をもとに考えると、
「クサクサするから、カラオケで明るい曲でも歌おうか」
「今日は、お客さんに怒られてへコんだから、パーッと明るい曲でも聴こう」
という従来やりがちな行為は、適切とはいえないのです。

悲しいときは、ムリに明るくする必要はありません。しんみりした曲を聴き、どっぷりと悲しみに浸りましょう。

昨今では、涙を流すことで、心身共に緊張がほぐれ、ストレスから解放される効果があることがわかっています。反対に泣くのを我慢していると、ストレス性の病気になるなど弊害が大きいの

です。

　つらいときは嘆き悲しみ大いに涙を流してください。そんなときに役立つのが音楽です。中途半端に明るい曲などを聴こうとするより、さらに悲しい気分にさせるような曲を聴いたほうが、むしろ立ち直りが早くなるようです。ぜひ、試してみてください。

悲しいときは……

 楽しい曲を聴く
つらいまま

 悲しい曲を聴く

POINT

つらい気持ちに寄り添ってくれる音楽を聴いたほうが癒やされる

2

8 【暗示がもたらすスゴい影響3】
暗示で
味覚が変わる

　驚くべきことに、私たちの味覚も暗示の影響を受けることがわかっています。

　おいしさというものは、客観的に決まるものではなくて、きわめて主観的なものです。ですから、「おいしい」と本人が思い込みさえすれば、何でもおいしくいただくことができるのです。

心理実験

　コーネル大学のブライアン・ワンシンクは、映画館の売店で、2週間も前に作られたポップコーンを販売させてもらう、という実験をしたことがあります。

　2時間前ではありませんよ。2週間前に作られたポップコーンです。当然、ポップコーンは固くなっていますし、湿気てしまって、マズイにきまっています。

　ところが映画館のお客さんは、だれ一人として返金を求めませんでした。また、食べた量を調べさせてもらうと（残ったポップコーンを調べると）、作りたてのポップコーンのときと同じで6割も食べていることがわかったのです。

なぜ、2週間も前に作られたポップコーンを、お客さんは食べたのでしょうか。

　その理由は、〝思い込み〟。お客さんは、「映画館で食べるポップコーンはおいしいに決まっている」という思い込みを持っています。そういう暗示にかかっているわけです。

　そのため、マズイはずのポップコーンでも、何の疑いもなく口にしますし、「おいしい」と思い込んでいますから、本当においしく食べてしまうのです。

　どんな食べ物でも、「うまい！　うまい！」と口に出しながら食べれば、本当においしく食べることができます。

　だれかと一緒に外食をするとき、「あそこのお店はマズイんだ」と聞かされていると、本当にマズイと思ってしまいますし、「あそこはおいしいんだ」と聞かされていると、本当においしいと感じてしまうのも、やはり暗示の効果です。

　どうせ食事をするのなら、おいしいと感じながら食べたほうがいいので、料理の文句ばかり言う人とは、あまり食事に出掛けないほうがいいかもしれません。

POINT

**普段の食事も「おいしい」と思えば、
幸せな気持ちで食べられる**

9 【暗示がもたらすスゴい影響4】
安ワインが
極上の味に♪

　私たちの味覚は、暗示の影響を大きく受けます。

「これは絶対においしいにきまっている」と思っていれば、本当においしくなってしまうのです。

　値段の安いワインと、値段の高いワインでは、そもそものワインの品質が違いますよね。高いワインのほうが、芳醇で、香りがよく、おいしいにきまっています。だからこそ、値段に差がついているのですから。

　では、もし値段の安いワインを、高いワインだと偽って試飲させたら、どんなことが起きるのでしょうか。

「しょせん安物のワインだから、おいしくは飲めないだろう」

　と思ったのだとしたら、大外れ。

　私たちの味覚を決めるのは、脳みそですが、この脳みそも、暗示の影響を受けるのです。安いワインでも、高いワインだと思って飲めば、「うわあ〜、やっぱり高いワインは味が全然違うよ。こりゃ、うまい！！」ということになるのです。

心理実験

カリフォルニア工科大学のヒルク・プラスマンは、5ドルのワインと、90ドルのワインを用意し、それぞれ試飲をしてもらいました。ただし、ラベルは違っていても、90ドルのワインの中身は、5ドルのワインとまったく同じものです。

中身はまったく同じであったにもかかわらず、「味のおいしさ」を5点満点でつけてもらうと、5ドルのワインは約2点、90ドルのワインは約4点と評価されました。2倍もおいしさに差がついたのです。

プラスマンは、さらに、ワインを試飲しているときの脳の活動を、磁気共鳴機能画像法（fMRI）という特殊な機械で調べてみました。すると、90ドルのワインを飲んでいるときには、内側眼窩前頭皮質の血流酸素レベルが活性化していることもわかりました。この部位は、快楽に関係しているところです。

つまり、90ドルのワインを飲んでいると思っていると、たとえそれが5ドルのワインであっても、本当においしくて幸福な気持ちになっていたのです。

- -

　もしワインバーで高いワインを注文したとき、店員がうっかりして、安いワインを持ってきてしまったとしましょうか。

　それでも、たぶんお客さんは何の文句も言わずに、そのワインを楽しめるだろうと心理学者なら予想するでしょう。

　本人が、「これは高いワインで、おいしいにきまっている」と思えば、実際に脳みそもだまされて、おいしさを感じる部位が活性化するのです。

POINT

思い込むと脳がだまされて 「おいしい♪」と感じる

2

10 【暗示がもたらすスゴい影響5】
暗示で
恐怖症が治る

2

「負の暗示」を解く方法

暗示をうまく使うと、自分が恐怖を感じる対象にも、それほど恐怖を感じなくなります。だれにでも苦手なもののひとつやふたつはあるでしょうから、そういう苦手意識を克服するときなどに、ぜひ暗示の力を使ってみてください。

心理実験

カンザス大学のキース・ハルペリンは、暗示を使ってヘビ恐怖症を治療することができた、という報告を行っています。

ヘビが好きな人などそんなにいないのではと思いますが、ハルペリンは特にヘビが苦手で、触ることはおろか、近づくこともできない女性に集まってもらい、ヘビ恐怖症を克服する取り組みを行っています。

まずハルペリンは、比較のためのコントロール条件には、一切何もやらせずに、ただ5週間後にもう一度集まってもらって、ヘビがどれくらい苦手なのかを測定してみました。当然、このグループは何もしていないので、ヘビが苦手なままでした。

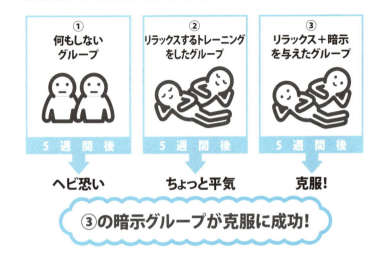

次に、ハルペリンは、5週間に渡って、緊張したときに身体の力を抜いてリラックスするトレーニングを受けさせるグループを設けました。

このグループでは、コントロール条件に比べれば、ヘビを見てもそんなに怖がることなく、緊張や不安を感じずに過ごせることがわかりました。

最後のグループには、身体をリラックスさせるトレーニングも実施しましたが、同時に暗示も与えました。

どのような暗示を使ったのかというと、インチキな心理テストを受けてもらって、「あなたは変化する能力が高い」とか、「苦手なものをうまく克服できるタイプだ」というデタラメな診断結果

を与えてみたのです。

　そうやって、「あなたはヘビ恐怖症くらい、簡単に克服できる人間なんだ」という意識を植え付けたのです。

　すると5週間後に測定したときには、ヘビ恐怖症が克服されていることがわかりました。

- -

　暗示は、苦手なことを克服するときにも使えるのですね。

　だれでも、ひとつやふたつは苦手なことがあるかもしれませんが、そういうものも暗示を使えば何とかなるかもしれません。

「私は人見知りだと思い込んでいるだけで、話そうと思えばだれとでも話せる」「私はブサイクだけど、愛嬌があって好かれる」「乗り物酔いしやすいと思っているだけで、本当は大丈夫だ」

　そんな感じで、どんどん自分に暗示をかけていれば、そのうちに意識改革も起きるでしょう。あまりにも単純なやり方なので拍子抜けしてしまうかもしれませんが、そんな単純な暗示だけでも、人はけっこう変われるものなのです。

POINT

苦手なことを克服しているイメージを描きながら、暗示をかけよう

2

11 【暗示パワーを最大化する1】
なりたい自分に
なる方法

「もっと落ち着いた人になりたいな」

　そう思うのであれば、落ち着いた人間になったつもりで、そういう人間を演じてください。沈着冷静で、何があっても表情を変えない自分を演じるのです。そういう演技をしていれば、そのうち落ち着いた人間になれます。

「もっと明るい人になりたいな」

　そう思うのなら、底抜けに明るい人間を演じてみることです。そうすれば、いずれ明るい人間に変わることができるでしょう。

「ただの演技じゃなくて、本当にそういう人間になりたいのです」

　と思う人がいるかもしれませんが、その心配はいりません。

　演技をしているうちに、自分が望んだ通りの人間に性格も変わっていきます。

心理実験

　米国ケース・ウェスタン・リザーブ大学のダイアン・タイスは、90名の大学生に集まってもらい、「他の人が性格を読むためのビデオ教材を作成したいのですが、登場人物になってくれません

か?」とお願いしました。

　そして、ある人には、「できるだけ感情的に安定している人のように自己紹介してください」と頼みました。その自己紹介はビデオ撮影されて、後で他の人の実験で使用するのだと伝えられました。

　また別の人には、「できるだけ喜怒哀楽がはっきりしている人のように振る舞ってください。そういう人がどういう自己紹介をするのかを考えながら演技してください」と頼みました。

　全員の参加者に、感情的安定性テストというものを受けてもらいました。これは25点満点で、25点に近いほうが、感情表現が豊かで、喜怒哀楽をはっきりするタイプであることを示します。点数が低い人は、あまり感情を表に出さず、落ち着いたタイプだといえるでしょう。

演じるうちに、その通りになっていく

その結果、直前に、感情的に安定している人のフリをした人は、平均して 6.9 点でした。これは非常に落ち着いた人間であることを示します。喜怒哀楽をはっきりとした人を演じた人は、同じテストで平均 19.1 点でした。

この実験でわかる通り、落ち着いた人を演じていれば、本当にその通りに性格も変わっていき、喜怒哀楽がはっきりした人を演じていれば、やはり同じように喜怒哀楽がはっきりした性格に変わっていきます。

もともと私の性格は、とてもやんちゃで、人を笑わせたり、盛り上げたりするのが大好きなひょうきん者だったのですけれども、大学の先生になって、何年間も落ち着いた話し方をする演技をしているうちに、本当に性格もそんな感じになってきてしまいました。不思議なものです。

たとえ演技だと頭でわかっていても、人は演技しているうちにどんどん自己暗示が働いて、その通りに変わっていくのです。カメレオンのように自分を変化させてしまうのですね。

POINT

演技であっても日々、振る舞っていれば願った通りの人物になれる

12

【暗示パワーを最大化する2】

コレで身体能力が高まる

暗示は、私たちの身体能力にも影響するようです。
「自分には、うまくできるはずだ」という思い込みがあれば、やったことのないスポーツであっても、実際にうまくできるのです。

心理実験

アリゾナ大学のジェフ・ストーンは、一度もゴルフをやったことがない白人の男女40名と、黒人の男女40名に集まってもらいました。

そして、半分の人には、「ゴルフというのは、知性に関係するスポーツなんですよ」とデタラメを言い、残りの半分には、「ゴルフというのは、身体能力に関係するスポーツなんですよ」とデタラメを言いました。

それから、すべての人にミニチュアの全10コースを回ってもらい、ストローク数を測定してみました。すると、次のような結果が得られました。

	知性ラベル	身体能力ラベル
黒人	27.20	23.10
白人	23.30	27.80

(出典：Stone, J., et al. より)

　ゴルフでは、ストローク数が少ないほうがスコア（成績）がよいことになるのですが、白人は、「ゴルフは知的なスポーツ」と言われたときにスコアがよくなり、黒人は、「ゴルフは身体的なスポーツ」と言われたときにスコアがよくなったことを示しています。

　一般に、白人は自分の知性は高いと考える傾向があるようです。それで「ゴルフは、知性に関係する」と言われたときに、「自分はうまくできるだろう」と思い込んだのかもしれません。

　黒人は、自分は身体能力が高いと思っている人が多い傾向があるので、「ゴルフは、身体能力が関係する」と言われたときに、「なるほど、それなら自分にはうまくできるだろう」と思い込んだのでしょう。

　すべての人が、ゴルフの未経験者だったわけですが、それでも、ちょっとした暗示をかけておくだけで、だいたい4打ほどスコアがよくなってしまうのですから、驚きですね。

「私は両親ともにスポーツをやっていたから、私もたいていのスポーツはできるはず」

と思っている人は、やはりたいていのスポーツを上手にこなせるでしょう。本人がそう思っているわけですから。

「私は両親ともに文系だし、兄弟もそうだ。私も、スポーツはそんなにうまくできない」

そう思っている人は、やはりスポーツは全般に苦手でしょう。身体的なパフォーマンスについても、暗示の影響はとても大きく作用するのです。

POINT

「文系だからスポーツは苦手」なんて 思い込みは、今スグ捨てよう

2

13 【暗示パワーを最大化する3】
一流に近づく近道とは？

　私はこれまでの人生で一度もテニスをしたことがありませんが、もしテニスをすることになったとしたら、頭の中で、「私は錦織圭なんだ」と思い込むでしょう。そういう暗示を自分にかけます。

　私は、ラケットの握り方さえよくわかりませんが、そういう暗示をかけておけば、本当にテニスがうまくなるからです。

「いくら何でもウソでしょ !?」

　と思いますよね。何しろ私はテニスに関してはずぶの素人なのですから。けれども、そんなこともないというデータはちゃんとあるんですよ。

心理実験

　モスクワ大学のウラジミール・ライコフは、「あなたはロシアの作曲家セルゲイ・ラフマニノフです」とか「あなたはウィーンの天才バイオリニストのフリッツ・クライスラーです」と暗示をかけました。

　それから楽器の演奏をしてもらって、専門家に出来栄えの得点をつけてもらうと、本当に演奏がうまくできたのです。

ライコフはまた、「あなたはフランスの数学者アンリ・ポワンカレです」とか、「ロシアの数学者アンドレイ・コルモゴロフです」と本人になったつもりの暗示をかけてから、数学の問題を解かせると、やはり得点がアップしたという報告を行っています。

さらにライコフは、「アメリカのチェスプレーヤーのポール・モーフィーになったつもりになってください」とお願いしてからチェスをやらせると、本当にチェスが強くなったという報告もしています。

ただし、これらにはひとつだけ条件があります。
ライコフは、参加者の被暗示性（暗示のかかりやすさ）も事前に測定しておいたのですが、被暗示性の高い人にだけ、これらの効果が見られたのです。被暗示性が、中程度の人、あるいは低い人には、残念ながら、思い込みによる暗示の効果もありませんでした。

暗示がかかりやすい人には、バツグンの効果！

「暗示なんて、どうせ嘘っぱちだよ」
「暗示にかかるのは、おバカさんだけだよ」
「暗示なんて、非科学的だよ」

　そんなふうに考えて効果を疑っている人は、被暗示性も高くありません。ですから、そういう人には、暗示の効果も発揮されなくなるのでしょう。

　どうせ暗示をかけるのなら、「私は○○だ！」と本気で思い込みましょう。そうすれば、いくらでも自分のパフォーマンスを向上させることができるはずです。

POINT

**本気で思えば、
暗示の効果が100%発揮される**

2

14 【暗示パワーを最大化する4】
「イメトレ」の驚くべき効果！

2

「負の暗示」を解く方法

　自分がある動作をしているところをイメージしていると、その動作が上手にできるようになることが知られています。いわゆるイメージ・トレーニングです。スポーツ選手であれば、プロアマを問わず、イメージ・トレーニングについて知らない人はいないのではないでしょうか。

　イメージ・トレーニングも一種の自己暗示なのですが、これも非常に有効であることは、科学的にも確認されています。
「ただ、頭の中でイメージしているだけで、技術が高くなるなんてことないよ」
「やっぱり、ハードな練習をしっかりとやらなきゃダメなんだよ」
　そう思われる人がいらっしゃるかもしれません。**けれども、イメージ・トレーニングも実際の練習と負けず劣らず非常に有効な練習方法なのです。**

心理実験--
　フランスのスポーツ研究所のM・ブロウジーンは、一度もゴルフをしたことがない人を募集し、23名のボランティアを集め

109

ました。

　普通は、プロがイメージ・トレーニングをするものですが、まったくの初心者にとってもイメージ・トレーニングが有効なのかをブロウジーンは調べてみたのです。実験手順は次の通りです。

　＜実験の流れ＞
　①全員に50メートルのアプローチショットをしてもらう
　　まずブロウジーンは、だいたいの感触をつかんでもらうため
　　50メートルのアプローチ・ショットを13回やらせました。

　②練習する人、イメージ・トレーニングをする人、
　　練習もイメージ・トレーニングもしない人とに分ける

　③練習を行うか、何もしない
　　ゴルフクラブを握って練習する人には、コーチが口頭で説明
　　しながら、実際に練習してもらいました。

　　イメージ・トレーニングをする人には、実際にゴルフクラブ
　　は握らせず、頭の中で自分がショットを打って、ボールが
　　どのように飛んでいき、地面に落ちてどのように転がるかな
　　どをイメージしてもらいました。

　　また、練習もイメージ・トレーニングもしない人は、卓球か
　　テニスをやることになっていました。

④結果を測定する

　最後に改めて50メートルのアプローチ・ショットをしてもらいます。

さて、肝心の結果はどうなったかというと、ゴルフクラブを握って練習した人は確かに上達していました。実際にコーチが指導していたのですから、当然ですね。

なお驚くべきことに、イメージ・トレーニングをしていた人も、練習していた人に負けないほどの上達ぶりを見せていたのです。

イメージ・トレーニングは初心者にとっても役に立つトレーニング法だったのです。

労力をかけずに、スキルが上がる!

イメージ・トレーニングのよいところは、道具などを必要としないこと。練習する場所や時間も選びません。トレーニングしたくなったら、目を閉じればいいだけで、どこでも好きなときに、

すぐにスタートできるという利点があります。それこそ、電車がやってくるのを待つ間でも、休憩時間にタバコを吸っている間でも、コーヒーを飲みながらでも、どこでもできます。

どんなに短い時間でもかまいませんので、スキルアップしたいことがあれば、仕事であれ、スポーツであれ、勉強であれ、ぜひイメージ・トレーニングを試してみてください。単なるヒマつぶしではなく、実際の練習と同じくらい効果がありますから。

POINT
毎日、イメトレすれば、ちゃんと上達していく！

ラクして成果を出したい人へ

仕事に役立つ!
暗示のコツ

3

1

【デキる人は皆使っている】

仕事に役立つ
暗示はたくさんある

　負の暗示を解くことで、自分を肯定的に捉えられるようになり、徐々に自信がわいてきて、いろいろなことに挑戦したくなるかもしれません。

　自分にエンジンを掛けられる状態になったときこそ、次のステージに進むチャンスです。**仕事の場で暗示を積極的に使い、欲しい成果を手に入れてください。**

　皆さんの周りにもデキる人がいることでしょう。

　デキる人の多くは、仕事で成果を得るために暗示を意図的に使い、望む成果を手にしています。

　なお、デキる人といっても生身の人間ですから、弱気な心はフッと芽生えるもの。そんな自分を「タフにする暗示」のみならず、こんな暗示で、仕事を上手に回しています。

・好印象を与える暗示
・モチベーションを上げる暗示
・容姿を活かした暗示
・プレゼンを成功させる暗示

この他にも、仕事に役立つ暗示はたくさんあり、それらの効果は数々の心理実験で実証済みです。ぜひ、面白そうだと思うものや、やってみたいと思うものから試してみてください。

デキる人は戦略的に暗示を使う

POINT

デキる人は暗示を上手に使って成果を出している

3

2 【メンタルセットに役立つ暗示1】
肩書で自己イメージを強化する

「地位や肩書が人を作る」

　こんな言葉があります。地位が上がってくると、それによって自己概念も変わる、という意味です。

　リーダーシップ力など持っていなかった人でも、管理職になり、そうした能力を求められるようになると、自然にリーダーシップを発揮するようになるのも珍しいことではありません。

　自分を変えたいのであれば、名刺の肩書を変えてみるのはどうでしょうか。

　例えば、「営業部　〇〇太郎」というありふれた肩書ではなく、

「ナンバーワンセールス　〇〇太郎」

　と名刺に記載しておくのです。これだけでも、「自分は売れる営業なんだ」というように自己イメージを強化できますよ。

　プリンストン大学のジョン・ダーレイは、自分の肩書を変えることで、イメージも変わることを確認し、これを「ラベリング効

果」と呼んでいます。どんな肩書にするかによって、自己イメージは変わるのです。

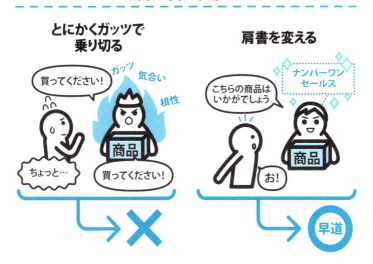

私は、自分では恥ずかしくてそんな肩書を使っているわけでもないのですが、講演会やセミナーに出かけると、主催者の人に、「今日は〝カリスマ心理学者〟の内藤誼人先生にお越しいただいております」と紹介されることがあります。

「カリスマ心理学者」とは、これまたずいぶんとホメていただいているわけで、お世辞が9割だとは思うものの、そうやって紹介されると悪い気はしませんし、「自分はカリスマ心理学者なんだ」

という自己イメージも強化されます。

　ありきたりな肩書を使っていたら、自己イメージはよくなりません。

「私は、平凡な販売員」

「僕は、平凡なサラリーマン」

　という意識を改革したいのであれば、まずは自分の肩書を変えてみましょう。できるだけ、他の人が使っていない肩書にするのがポイントです。

　自分だけの特別な肩書を作ると、「私は、他の人とはちょっと違う」という特別感が意識されるようになり、それによって特別な人間であるという自己イメージが生まれてきます。それが自信をも生み出すのです。

「自分を大切にしなさい」「自分を好きになりなさい」とたいていの自己啓発書には書かれていますよね。でも、そんな単純な暗示で自分を大切に思えるかというと、そういうことはあまり期待できません。

　それよりも名刺の肩書を変えてしまったほうが、はるかに自己暗示の効果は高いのです。「ちょっとやりすぎたかな？」というくらいの、カッコいい肩書を作りましょう。

　仕事に役立つのであれば、会社からダメだと怒られることもないでしょう。単なる係長でなく、「特任係長」にしてもらうとか、部長ではなく、「特命部長」にしてもらうなど。自分でも響きがよいと思う肩書を作らせてもらいましょう。

肩書が変わると自己イメージが上がる！

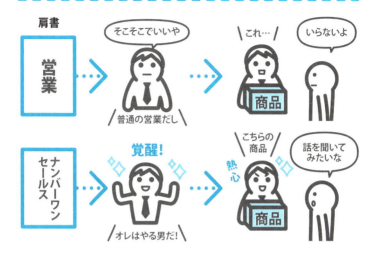

> **POINT**
>
> 肩書が変わると意識が変わり、自信とパワーがわいてくる

3

【メンタルセットに役立つ暗示2】

暗示効果が高まる 整理術

仕事や勉強のパフォーマンスを上げるために有効な自己暗示はいくつかあります。しかし、その暗示がうまく機能しないときがあります。

その原因のひとつに、集中力を妨げる環境の中にいることが考えられます。まずは、集中できる環境を整えましょう。

私たちは余計なものが視界に入ってくると、気が散ってしまいます。例えば、お客さんの話をしっかりと聞かなければならない状況なのに、部屋の中にハエが飛び回っていたら、そちらが気になって、相手の話を集中して聞けなくなるのではないでしょうか。

仕事や勉強が手につかない人や、飽きっぽくて集中できない人は、余計なものが視界に入りすぎていないかをチェックしてみるといいでしょう。

私たちの五感（視覚、聴覚、味覚、触覚、嗅覚）のうち、圧倒的に強いのが、「視覚」。これを「視覚の優位性」といいます。

他の感覚に比べて、視覚は圧倒的に優位なのです。

同じ話を100回聞かされるより、1回だけ自分の目で見たほう

が、はるかに物事がよくわかるのも、視覚の優位性のためです。

情報処理するときは、視覚が大半

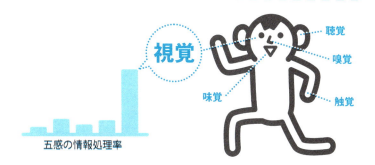

心理実験

オハイオ州立大学のヴァディマー・スロウツキは、コンピュータ上に映し出された写真と聴覚刺激（音声）にどのように人が反応するかを調べてみたことがあります。

その結果、視覚的な刺激には、100％の人が確実に反応しましたが、聴覚的な刺激に反応したのはゼロ。聴覚より、視覚のほうが断然強いのですね。

「集中力がなくて困る」と自覚している人が、いくら「集中できますように」と唱えたところで、集中できるようにはなりません。
　それよりも、むしろ、余計なものが視界に入らないように片づ

けたほうがはるかに集中できるようになります。環境を整えてはじめて諸処の暗示も有効に働くようになるのです。

　まずは、皆さんの机の上を点検してください。

　机の上に、乱雑な書類や紙くず、スマホなど、集中力を妨げるものがあったらすぐさま片づけましょう。

　なお、デスクトップのアイコンもなるべく整理し、スッキリさせることをお勧めします。画面は、自分が取りかかるべき作業を全画面表示にして、他のアイコンが目に入らないようにするのも一策です。ちょっとした工夫で、集中力がアップして、仕事や勉強のパフォーマンスが俄然上がります。

POINT

頭がスッキリする環境にすれば、暗示効果も倍増する

集中力が高まる環境にするために

3

4 【メンタルセットに役立つ暗示3】
自信がわく
カンタンな方法

　ある程度の年齢になっていれば、たいていのことはすでに「経験ずみ」であることが多いと思います。大失恋の経験だって、一度や二度くらいはあるでしょうし、仕事で大失敗をやらかしてしまった経験だって、いくらかはあるのではないでしょうか。

　さて、ある問題にぶつかったときには、自分の人生の中で、似たようなエピソードを思い出して、「これと似たようなことは、あのときにもう経験しているな」と思うようにするといいかもしれません。そうすれば、肩の力が抜けて、心理的な余裕が生まれるからです。

　「バスケの神さま」と呼ばれたマイケル・ジョーダンは、プレッシャーがかかる場面には、必ず1982年のNCAAチャンピオンシップ・ファイナルの劇的な幕切れを思い出すようにしていたといいます。

　このときには、ジョーダンは自陣のベースライン際から22

フィートも離れた相手のゴールにシュートを決め、ノースキャロライナ大学チームを優勝に導いたのです。

　プロになってからのジョーダンも、試合で窮地に追い込まれたときには、いつでもこの場面を思い出し、「大丈夫、これはもう経験ずみだ」と自分に言い聞かせて冷静さを取り戻していたそうです。

（参考文献：フィル・ジャクソン著、『シカゴ・ブルズ　勝利への意識革命』PHP研究所）

- -

　ジョーダンがやっていたこの方法は、とても参考になります。
　なぜかというと、まったく自分が経験したことがないことをイメージするのは難しいですが、**自分が経験ずみのことであれば、鮮明に頭に思い浮かべることができるからです。暗示をかけるときも、鮮明なイメージであるほど効果的なのです。**

「あのときだって、自分は3日くらいで立ち直れた」
「あのときの失敗に比べれば、今の問題なんてたいしたことがない」
「大学受験のときの辛さに比べれば、ラクなもの」

　このように自分に言い聞かせるのがポイントです。
　ちなみに私にとって一番ひどかったのは、大学院の博士課程の入試前日に、42度の熱を出して倒れたこと。試験当日も熱は下がってくれませんでした。意識が朦朧としたまま試験を受けましたが、幸運なことに合格しました。

そういう経験をしたことがあるので、その後に苦しいことがあっても、たいしたことないや、と自分に言い聞かせることができるようになったのです。

私は、どんなに具合が悪くても約束は守りますし、落ち込むような出来事があっても、気持ちを切り替えてやるべきことに取り組むようにしています。

なぜなら、どんなことも 42 度の熱に比べればたいしたことがないので、「今日はダメだろうな」とか「今日の商談は失敗するだろうな」などと思うことはありません。

人生の出来事など、そんなに目新しいことは起きません。似たようなケースはいくらでも経験しているはずで、そんなときには過去のよく似たエピソードを思い出すといいでしょう。

似たようなエピソードがどうしても思い浮かばないときには、自分がうまくいったときのエピソードを頭に思い浮かべるとよいでしょう。そうすれば、自信がいくらでも湧いてきます。

POINT

不安を感じたら「経験ずみ、大丈夫！」と言い聞かせる

【メンタルセットに役立つ暗示4】

やる気が
出ないときは？

「どうも仕事に身が入らない」
「何に対しても意欲的になれない」

そんな悩みを抱えているのであれば、ぜひ試してもらいたいテクニックがあります。**それは、頑張っている人をこっそりと眺める、という方法。**

サッカー日本代表の元キャプテンとして活躍した長谷部誠さんの著書『心を整える。』によると、**心に迷いが生まれたときには、身近なところで頑張っている人を意識的に目にするようにしているといいます。**真夏の炎天下で、工事現場で働く人を眺めたりしているというのです。

これは心理学的にいっても、よいアイデアですね。

汗水を垂らしてがむしゃらに作業している人を見ていれば、「私も、負けていられない」という気持ちが生まれてきます。「私だって、頑張らねば」という意欲も生まれます。

「モデル」（見本）になる人間を眺めていると、私たちは、無意識のうちに、そのモデルと自分自身とを重ね合わせるのです。そして、モデルの行動を自然に真似するようになります。

モデルとなる人物が頑張っていれば、自分も同じように頑張ろうという気持ちになるのです。これを「モデリング効果」と呼びます。

モデルになる人を探して観察しよう!

モデリング効果について調べた、こんな心理実験があります。

心理実験
アイオワ州立大学のフランク・グレシャムは、引きこもりの問題を抱えている小学校3、4年生に、クラスの人気者の子どもの学校生活のビデオを観察させる、という実験をしたことがあります。ビデオでの学習の期間は、3週間でした。

すると、不思議なことが起こりました。もともと引きこもりの子どもたちも、人気者の子どもと同じように積極的で、活発な人気者になっていったのです。

　人気者の行動をビデオで観察学習しているうちに、「なるほど遊具は他の子に先に貸してあげるといいわけか」といったことを自然に学んで、自分でも同じようなことをするようになったのです。

　自分の気分が乗らないときには、頑張っている人から、意欲を分けてもらうのが一番です。

　身近なところで頑張っている人の姿をしばらく眺めていれば、自分も同じように意欲的になれますよ。モデリング効果が働きますから。

POINT

頑張っている人を見れば、「モデリング効果」でパワーをもらえる

6

【成果を生む暗示1】

仕事で使う名前を
ひらがなにする

　最近の選挙では、議員候補者が名前をひらがなやカタカナに変えて出馬する人が増えてきているように感じます。

　なぜ、ひらがなにするのでしょうか。

　それは、「柔らかなイメージ」や、「優しいイメージ」を有権者に与えるための暗示的な作戦に他なりません。

　もともと漢字には男性的なイメージが、ひらがなには女性的なイメージがあります。「内藤誼人」より、「内藤よしひと」のほうが、柔らかそうな印象を与えるのではないでしょうか。

　政治家はそういう暗示効果を狙って、自分の名前をひらがなに変えているのです。

　たとえ、私のことをよく知らない人でも、「内藤よしひと」とひらがなで書かれた名刺を渡されたら、人あたりのよさそうな人だなとか、付き合いやすそうな人だな、と思うはずです。

　外国の人の名前でいうと、ミドルネームがたくさんついている人ほど、立派な人だというイメージが高くなるそうです。

心理実験 --

　英国サウサンプトン大学のウィーナード・ファンティルバーグ
は、一般相対性理論について簡単な説明をした文章を作成し、そ
の文章の書き手の名前だけを変えてみました。少しずつミドル
ネームを長くしてみたのです。

　それから文章を読んだ人に、どれくらい内容に同意できるかを
尋ねてみると、ミドルネームが長ければ長いほど、同意してもら
える割合が高くなることが明らかにされました。

書き手の名前	同意した得点
デビッド・クラーク	4.92
デビッド・**F**・クラーク	5.80
デビッド・**F・P**・クラーク	5.05
デビッド・**F・P・R**・クラーク	6.00

※得点は7点に近いほど同意したことを示す
（出典：Van Tilburg. W. A. P.. et al. より）

　外国人の場合、ミドルネームがたくさんついていたほうが、ど
うも知的なイメージを与えるようですね。
　私たちは、相手の名前から立派な人だとか、温厚な人だとか、
知的な人だとか、いろいろな印象を受けるものですが、できるだ

け好印象を与えたほうが、その後の付き合いも良好になります。

　その際、だれでも簡単にできるのが、自分の名前をひらがなに変えてしまうことです。

仕事の内容にもよりますが、

・**名前をすぐに覚えてほしい**
・**親しみをもってもらいたい**
・**相談しやすい雰囲気を醸したい**

　こうした目的があるときは、仕事のときだけでも、名前をひらがなにしてみるのも一策です。名刺に記載する名前は、ひらがなにしておくと、柔らかで親しみやすいイメージを与えると思うのですが、いかがでしょうか。

POINT

名前をひらがなにするだけで、親しみを感じてもらえる

【成果を生む暗示2】

「有能さ」を
示す方法

私たちの顔だちは、人によって違います。実際の本人はそうであるとは限らないのに、顔だちによっては「有能そう」に見える人がいます。

「なんとなく頼りがいがありそう」

「なんとなく仕事ができる人間っぽく見える」

という羨ましい顔だちの人がいるのです。

そして、驚くべきことに、候補者の顔だちを見れば、およそ70％の確率で選挙に当選するかどうかまで予測できてしまう、ということを示す心理学のデータもあるのです。

では、どんな顔だちの人ほど当選するかというと、「有能そうに見える顔」の人です。

心理実験

プリンストン大学のアレキサンダー・トドロフは、2004年の上院選挙に立候補した候補者の写真を使って、その候補者のことをよく知らない学生たちに、「どちらが有能そうに見えますか？」と尋ねてみました。そして、実際に当選したかどうかを確認して

みると、なんと 68.8％の確率で、有能そうに見える候補者ほど選挙にも勝っていたのです。

　トドロフは、さらに 2000 年、2002 年の選挙の候補者でも同じ実験をしてみたのですが、やはり 71.6％の確率で、有能そうな顔の人ほど当選することを突き止めました。

　いやはや、顔だちの与える暗示的な影響というのは、とても強いようですね。

　本当に有能な人なのかどうかを調べずに、大半の有権者は、顔だちだけで選んでしまうようなのですから。

　ところで、有能そうな顔というのは、具体的にどういう顔だちなのでしょうか。

心理実験 --

　ロンドン大学のクリストファー・オリヴォラは、300 名の顔写真を用いて、どのような顔だちほど有能だと思われやすいのかを調査していますが、その結果、「大人びた顔」（成熟して見える顔）と、「男性的な顔」が有能そうに見えることを明らかにしています。

　子どもっぽい顔、すなわち、丸顔であるとか、目が大きいとか、額が広いとか、そういう特徴のある人は、残念ながら、有能そうには見えないようです。

　輪郭がしっかりしていて、アゴのエラが張っているような、男

性的な顔の人ほど、有能そうに見えるのです。

もしそういう顔だちであれば、そういう顔に生んでくれた両親に感謝しましょう。仕事をするときにも、「あの人は頼りがいがある」という印象を与えやすい顔だといえるので、いろいろな面でトクをするでしょう。

なお、オリヴォラは、写真を提示する長さも調べているのですが、わずか1秒で判断させても、印象は変わらないことを突き止めています。

たった1秒でも顔だちを見れば、有能そうな人かどうかという判断はできてしまうようなのです。顔だちの影響というのは、想像以上に大きいといえるのでしょう。

POINT

大人びた顔や、男性的な顔の人は、初対面でも信頼されやすい

3

8 【成果を生む暗示3】
背の高さを
上手に活かす

　ある種の顔だちは、暗示的な効果を発揮することがある、というお話をしました。

　同じことは、「身長」にも当てはまります。

　結論からいうと、身長が高い人のほうが、リーダーシップがありそうであるとか、信用できる、といった暗示効果を人に与えることができるようです。

心理実験

　カナダにあるケープ・ブレトン大学のスチュワート・マッカンは、1824年から1992年までのアメリカの大統領選挙43回を分析してみたことがあります。なお1824年以前の選挙は普通選挙ではなかったので除外しました。

　その結果、身長が高い候補者ほど、「パワーがある」と評価されやすく、選挙でも当選しやすくなるということがわかりました。

　政治の世界ではなく、ビジネスの世界でも同様です。

心理実験

フロリダ大学のティモシー・ジャッジは、約8千600名の調査を行っているのですが、身長とその人の収入には、比例関係が見られました。身長が高い人ほど、高収入だったのです。

ジャッジによると、身長が1インチ（約2.5センチ）高くなるごとに、年収は789ドルずつ高くなる計算になるそうです。身長183センチの人は、身長165センチの人より、年間に4734ドルも多く稼いで、30年間では数十万ドルの差になるというのです。

動物の世界や、昆虫の世界では、だいたいオス同士でケンカをするときには、体の大きい個体のほうが勝つことになっているのですが、人間の世界でも、身長が大きい人は、たいてい体も大きいので、なにかと有利なのかもしれません。

身長が高いと、それだけで信用されやすいとか、パワーがありそうだという暗示をかけることができるので、日常生活においても、自治会長であるとか、PTA会長であるとか、いろいろな団体のリーダーに選ばれやすいといったことがあるでしょう。

もちろん、身長が低い人は、そういう暗示効果を発揮できないのかというと、そういうわけでもありません。

例えば、きちんと背筋を伸ばして行動するように心がけるだけでも、3センチから4センチくらい、背が高く見えます。「たか

が数センチか……」と侮ってはいけません。ジャッジの研究では、2、3センチの差でも、年収にはずいぶんと差がつくのですから。

　逆にいうと、普段から猫背で生活していると、身長が低く見えてしまって、ソンをするということです。そうならないように、姿勢には特に気をつけましょう。

　椅子に座るときにも、深く腰を掛けると頭の位置が低くなってしまいますが、浅く腰を掛けて、しっかり背を伸ばすようにすると、やはり大きく見えます。

　またシャツやジャケットを選ぶときには、なるべく縦ジマのものを選びましょう。縦ジマのシャツを着ていると、垂直方向に長く見えるので、その分、背が高く見えて、やはりトクをするでしょう。

POINT

服装と姿勢次第で背が高く見え、トクする場面が増える

日頃から背を高く見せよう

	✕	○
立っているとき	猫背 	背筋を伸ばす 
座っているとき	猫背のまま座る	浅く座り背筋を伸ばす
服の柄で	横ジマの服を着る 背が低く見える 	縦ジマの服を着る スラリと見える 

ちょっとの習慣でイメージUPする!

3 仕事に役立つ！暗示のコツ

3

9

【成果を生む暗示4】

お店に長く
滞在させる

もし私がお店のオーナーで、自分で曲を選ぶのだとしたら、おそらくは BGM にクラシックを選ぶでしょう。というのも、クラシックを流すとなぜか売上が伸びた、という研究があることを知っているからです。

心理実験

テキサス技術大学のチャールズ・アレーニは、約３カ月間、金曜日と土曜日にワインショップで流す BGM を変えるという研究を行ったことがあります。

アレーニは、クラシック（モーツァルト・コレクションやメンデルスゾーンのピアノコンチェルトなどの CD）と、最近の曲（ビルボードのトップ 40 の曲）を、金曜日と土曜日で交互に変えて流すことにしました。そして、それぞれに BGM を変えた日の売上を調べてみたのです。

その結果、クラシックを流した日には、客当たりの平均売上は7.43 ドルになりました。トップ 40 の曲を流した日には、2.18ドルでしたから、実に、３倍もの開きがあったのです。

また、お客さまの平均滞在時間を測定してみると、クラシックを流したときには 11.01 分で、トップ 40 の曲の日には 8.97 分でした。

　なぜクラシックを流すと売上が伸びたのかという理由については、いろいろ考えられます。ひとつ目はリラックス効果。クラシックを聴くと心が寛ぐので、居心地のよさを感じて、店内に長く滞在するようになります。そして、滞在時間が長くなれば、当然、いろいろな商品を選んで買うことになるでしょう。

　あるいは、クラシックの格調高い音楽を聴くことで、自分がお金持ちにでもなったような高揚感があるのかもしれません。

　もちろん、お店の雰囲気が関係していることはいうまでもありません。アレーニの実験は、ワインショップで行われたので、ワインという商品にはクラシックが向いていましたが、それ以外の商品ではひょっとしたら違う結果が得られる、ということも考えられます。この点は、ぜひ実際のお店のオーナーさんに検証していただきたいところですね。

POINT

ワイン店ではBGMにクラシックを流すと、売上が上がりやすい

3

10 【成果を生む暗示5】

ズルを防ぐコツ

「監視カメラ作動中」という看板があるところでは、人は不法投棄をしにくくなります。

なぜなら、だれかに監視されていると思うからです。

自動車に貼るステッカーに、歌舞伎役者の「目」を模したものがありますね。あれは、「お前をしっかり見ているぞ！」という防犯意識を高めるものだそうです。

私たちは、だれかに見られていると思うと、悪いことをしなくなるんですよね。「人の目」が警察官のような働きをするこの状況は、まさに暗示的効果がいかんなく発揮されている場といえるでしょう。

人の目があると悪いことができないということは、心理学の実験でも確認されています。

心理実験--

ニューキャッスル大学のメリッサ・ベイトソンは、大学の談話室である実験を行いました。この談話室には、紅茶とコーヒーが置かれていて、それを飲む人は、自分で箱にお金を入れて代金を払うことになっていました。

ところが、みんなお金を入れません。大学の先生たちは、マジメな印象がありますけれども、そんなこともないようです。そこでベイトソンは、その箱に「目」を描いた貼り紙をつけてみたのです。日によって、「目」の貼り紙をつけたり、「花」を描いた貼り紙をつけてみました。

　それから箱に入れられた代金を集計してみると、「目」の模様が貼られているときには、なんと2.76倍もの代金が入っていることがわかりました。

　だれも見ていないなら、「まあ、少しくらいいいだろう」と悪いことをしやすくなりますが、「目」の模様がこちらを見つめていると、なんとなく居心地がよくなくて、悪いことをできなくなってしまうようです。

監視効果が高い箱はどっち？

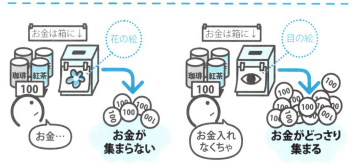

私たちは、だれかに見つめられていると、悪いことができなくなることがこの実験でもわかります。

　もうひとつ別の実験をご紹介しましょう。

心理実験 -

　ハーバード大学のテレンス・バーンハムは、4人に10ドルを配って、好きなように分配させるという実験をしたことがあります。10ドルのうち、他のメンバーにいくら分配したいのかを答えるのです。

　その際、半分の人は、人間の目を模したロボットに見られている状態で分配作業をしました。残りの半分は、見つめられていない条件です。

　すると、見つめられているときには、他の人に平均6.75ドルを分配してあげるという答えになり、見つめられていないときには、平均5.25ドルという答えになりました。

　この実験は、見つめられていると、他の人にあげるお金が29%も増えることを示しています。つまり、見つめられていると、私たちは寛大になるのです。

- -

　最近は、街中のいたるところに監視カメラが設置されるようになりました。

　これは非常によいことです。

　自動車にも、ドライブレコーダーが搭載されている車が増えま

した。これもよいことです。なぜなら、だれかに見られていると思えば、人間はそんなに悪いことができなくなりますし、むしろ他人に対して寛大な振る舞いをするようになるからです。

オフィスでも、「モニターで監視中」ということがわかれば、だれも手を抜かなくなるのではないでしょうか。さすがにそれはやりすぎかもしれませんが。

POINT

手抜きやズルを防ぎたいときは、
「目」を描いた紙を貼る

3

11

【成果を生む暗示6】

プラシボ効果を
活用する

　医学の分野では、本当は、まったく何の薬効もないのに、「これはとてもよく効く薬なんですよ」といって、インチキな薬を飲ませると、本当に目覚ましい効果をあげてしまうことが知られています。これは「プラシボ効果」として知られる現象です。

心理実験

　スタンフォード大学のバーバ・シップは、「ソービー」というインチキなエネルギードリンクを飲ませました。このドリンクを飲めば、頭が冴えてくるという効用があるとウソをついておいたのです。

　ただし、半数の人には、1.89ドルという価格ラベルが貼ってあり、残りのグループには、1.89ドルという表示に横線が入っていて、0.89ドルに値引きしてある価格ラベルが貼ってありました。

　それから、用意されたパズルを15問解いてもらったのですが、値引きしていないグループのほうが、たくさん解くことができました。「エネルギードリンクを飲んだのだから、頭が冴えたはず」

というプラシボ効果が見られたのです。

- -

　値引きしてあることがわかったグループでは、プラシボ効果は見られませんでした。「なんだか安っぽいドリンクだな。本当に効能なんてあるのかな」と思われてしまったからでしょう。

　薬というものは、ある程度、高いほうが、消費者にとってはありがたいのかもしれません。なぜなら、安い薬は、効用もそんなにありそうではない、と思われてしまうからです。ある程度の価格設定だからこそ、プラシボ効果も働くのです。

　同じようなことは、化粧品にもいえます。

　高い価格が設定されていれば、「本当にお肌が若返るかも？」という暗示のプラシボ効果も起きるでしょうが、あまりに安い化粧品は、どことなく怪しい感じがして、そういう疑いの心があるとプラシボ効果も消失してしまいます。

　化粧品についても、ある程度は高い価格設定をしておいたほうが、消費者にとっても好ましいのではないかと思います。

　高価格の商品＝価値がある、という一種の刷り込みを上手に活用することができれば、ビジネスを成功に導くことができそうです。

POINT

人は価格が高いと、 「価値がある」と考えやすい

147

3

12 【成果を生む暗示7】
プレゼンを
成功させるコツ

　私たちは、口だけで説明されるより、実物を見せてもらったほうがよく理解できます。**プレゼンテーションをするときには、もしサンプルや実物があるのであれば、ぜひ使いましょう。**そのほうが相手の心をつかむことができますから。

　スティーブ・ジョブズは、MacBook Air のプレゼンテーションをするとき、茶封筒からノート型パソコンを取り出して会場を驚かせました。

　もしジョブズが、単に口頭だけで商品説明をしようとしたら、この薄型ノートパソコンは売れなかったでしょう。きちんと、どれだけ薄いのかを実際に見せたので成功したのです。

心理実験

　カリフォルニア工科大学のベンジャミン・ブッションは、実験参加者に３ドルを渡し、チョコバーやポテトチップスなど 80 のお菓子を見せて、３ドル以内で好きなものを買ってもらう、という実験をしたことがあります。

　ただし、このときにいくつか条件がありました。

まず、商品名のみ条件。この条件では、お菓子の銘柄だけが伝えられました。このとき、参加者は68セントしか買いませんでした。

　次に、イメージ条件。この条件では、商品の名前だけでなく、それぞれのイメージ写真も添付されていました。ただし、この条件でも参加者は71セントしか使いませんでした。

　最後に、実物条件。この条件では、実際のお菓子が準備されました。実際に市販されているお菓子を見ながら買うのです。このときには、平均して113セントの買い物をしてくれました。

　お菓子の名前だけを知らされても、そんなに欲しくはなりません。写真を見せられても、やはりあまり変わりません。ところが、実際の商品を目の前に出されると、とたんに私たちの食指は動きます。「これ、食べたいな」という気持ちになるのです。

プレゼンテーションをするときには、写真などの資料だけでなく、できるだけ実物を持っていきましょう。

　実物が大きすぎるというのなら、せめて小さくしたサンプルがあるといいでしょう。そういうものがあると、お客さまの反応は見違えます。

サンプルがあると説得力が増す

POINT

**プレゼンするときは、
実物やサンプルを準備すると効果的**

だれもが、あっさり従ってしまう

人を操る「基本テク」

1

【認知をゆがめる方法1】
「ラベル貼り」で言いなりになる

「あなたって、こういうタイプよね」

こんなふうに言われると、たいていの人は、「そんなものか」と素直に受け入れてしまいます。

拍子抜けするほどたやすく、他人の言いなりになってしまうのです。一見すると何気ない語り掛けですが、これは、人の心をつかむための暗示的な話し方のひとつです。

私たちの心は、ある種の心理手法を使われると無抵抗になり、警戒心を持たないまま、従ってしまう傾向があります。本章ではこうした心のメカニズムに迫りながら、どのような状況や働きかけによって暗示効果が倍増するのかについて見ていきます。

これらの知識を得ることで、人を操るのみならず、ずるい人から身を守る術を身につけることができるようになるでしょう。

さて、冒頭の話に戻りましょう。なぜ、「あなたって、こういうタイプよね」という指摘を受け入れてしまうのか。

それには、ある心理法則が働いています。

心理学では、相手にどんなラベルを貼っても、たいていはうま

心理技法で心は無謀になる!

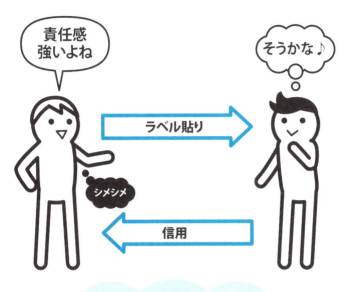

人を操る暗示の手法はいろいろある!

くいってしまうことが知られており、これを「バーナム効果」と
いいます。

　私たちは自分のことを一番よく知っているようでいて、実のと
ころ、あまりよくわかっていないものです。
「自分は何者なのか」ということを、しっかりと認識している人
は、そんなに多くありません。そうした心の隙を突くことで、人
の心に入り込み、操りやすくなるのです。

　どのような心理手法を使うと、人の心は無防備になり、従って
しまうのでしょうか。その実態をひとつずつ見ていきながら、ず
るい人や騙そうとする人から身を守る方法や、人を操る方法につ
いて探っていきましょう。

POINT

**ラベル貼りは、いたる所で
行われているので注意しよう**

2 【認知をゆがめる方法2】
「診断結果」で
ラベル貼りする

4

人を操る「基本テク」

2018年2月に公開された『グレイテスト・ショーマン』という映画があります。映画に登場する主人公のP・T・バーナムは実在した人物です。左ページで紹介したバーナム効果は、この人物に由来する用語です。

私たちは、たとえインチキな言明でも、それが自分に当てはまるものだと他人に言われると、すぐに受け入れてしまう。こうしたバーナム効果は、数多くの研究で明らかにされています。

心理実験

イースタン・ミシガン大学のジェリー・オーデルは、73名の大学生に、心理テストを受けてもらいました。これはインチキな心理テストでした。それからしばらくして、テストの診断結果が出たといって、それぞれの人に診断結果を返却するのですが、実は全員にまったく同じ内容のものを返却しました。

ところが、その診断結果を受け取った学生たちは、みな口をそろえて、「自分によく当てはまっている」と答えるではありませんか。全員が同じ結果を返却されたにもかかわらず、ですよ。

155

オーデルが返却した診断結果には、次のようなことが書かれていました。

「あなたはとても慎重で、内気で、抑制的な人です。いったん取りかかった仕事を途中で放り出すことはめったにありません。平均よりは少し不安が高いでしょう。おしゃべりなほうではありません。意思決定をするときには、人に頼りがちな傾向があります。想像力は豊かです。宗教と政治的な態度は、保守的です」

読者の皆さんはどう感じますか。「これは自分のことをよく言い当てている」と思うかもしれません。だとしたら、オーデルの実験に参加した人たちと同じ反応をしたことになります。

どんな人も「自分だけは騙されない」と思うものです。でも、ある種の心理技法の前では、心が無防備になってしまうのも事実です。

大事なことは、人を操る心理技法があることを知っておき、他人の思惑や悪意に振り回されないように注意することなのです。

POINT

**人は、誰にでも当てはまる文言を
都合よく解釈して受け入れるクセがある**

3 【認知をゆがめる方法3】
ミスリードで答えを導く

「さあ、これからみなさんを騙しますね」と言われたら、さすがに騙されないだろう、と読者の皆さんも思うでしょう。「騙しますよ」と相手が親切に警告までしてくれているのですから。

けれども、実際にはそれでもやっぱり騙されてしまうのです。

心理実験

米国マサチューセッツ州にあるウィリアム・カレッジのステファン・リンゼイは、136名の大学生に79枚のスライドを見せながら、ある物語を聞かせました。修理工の男性が、お金と電卓をオフィスから盗んでしまうという一連の物語です。

それから48時間後に、記憶のテストを行いました。記憶のテストをするときには、リンゼイはあらかじめ「ミスリーディング」（誤誘導）というテクニックを使うことを伝えておきました。「質問には、誤った前

提のものが含まれていることがありますからね」と注意しておいたのです。

それから、「秘書は傘を持っていましたが、その傘は何色でしたでしょうか？」といった記憶のテストをしてみたわけです。

ちなみに、秘書は傘などを持ってはいませんでした。「持っている」ことが前提であるかのようにミスリードしてみたのです。すると、多くの人がミスリードされることがわかりました。

48時間前というと、わずか2日前に見せられたスライドなのに、もう記憶はあやふやになっていて、簡単にミスリードされてしまったのです。
「ミスリードされることもありますよ」と伝えておいたわけです

から、実験参加者はよほど騙されないように気をつけていたはず。

それにもかかわらず、やっぱり人間は簡単に騙されてしまうのですね。

現実の世界では、わざわざ「これからあなたを騙しますよ」と丁寧に教えてくれる詐欺師などはいません。「あなたにインチキなことを言いますよ」と告げてくれる悪徳な占い師や宗教家もいないでしょう。その意味では、さらに騙されてしまう危険は高いということです。

ミスリードされないようにするためには、相手の質問ではなく、質問に含まれる前提から疑ってかからなければなりません。うまく相手に乗せられないようにするのです。
「仮にお買い求めいただけるとしたら、そのまま商品をお持ち帰りになりますか？　それとも後で郵送したほうがいいですか？」と話しかけてくる販売員は、買うことを前提にして質問しているわけで、これは「リーディングの技法」にあたります。

ミスリードに引っかからないために

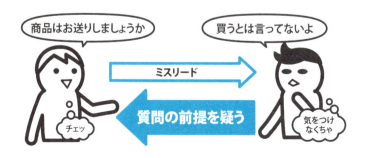

このような場合には、「う〜ん、けっこう重いから郵送してもらおうかなあ」などと相手の質問にまともに答えてはいけません。

　そもそも「買う」なんて一言も言っていないわけですから、こうしたときは、

「前提がおかしな質問ですよ」

　と切り返すのがベターでしょう。

POINT

相手の「話の前提」を疑うクセをつけよう

4

【認知をゆがめる方法4】
「信じたいこと」を耳元でささやく

私たちは、自分が「信じたい」と思っていることを信じます。

本当のことなど、どうでもいいのです。「信じたい」ものだけを信じて、「見たい」と思うものだけを目にするのです。

本当は、いつでもカリカリしていて、すぐに感情的になり、温厚な性格でも何でもない人がいるとしましょう。けれども、その人は、「あなたは温厚な人ですよ」といわれたら、それを信じるのです。なぜなら、自分が信じたいと思っているからです。

心理実験

オレゴン大学のノーマン・サンドバーグは、大学生にMMPIという心理テストを受けさせました。これは「ミネソタ多面人格目録」と呼ばれる大がかりな心理テストで、なんと質問項目は550項目もあります。

暗示の実験ですと、ここでインチキな診断結果を渡すのですが、サンドバーグは半分のグループには、本物の診断結果を渡しました。インチキな診断結果を渡されるのは、残りの半分です。

インチキな診断結果に書かれていることは、全員が一緒でした。悪いことも書かれていましたが、全体的にポジティブな内容になっていました。実際に手渡された内容は、だいたい次のようなものでした。

「今回のテスト結果によると、この人物はときどき、気分が落ち込むがいわゆる気分屋ではない。というのも普段は元気でどちらかというと楽観的だからである。この人物の問題のひとつは、集中力に欠けるということである。この人物は、社交的で明るいが、あるときには内向的で控えめである。この人物は自分に誇りを持っており、十分な根拠もなく他人の発言を受け入れることはない。この人物は自己批判的な傾向もある」

　次にサンドバーグは、本物の診断結果と、インチキな診断結果を渡された人の両方に、「どれくらい自分に当てはまると思いますか？」と尋ねてみました。

その結果、驚くべきことに本物の診断結果よりも、インチキな診断結果のほうが「自分によく当てはまる」という回答が多かったのです。

客観的な心理テストよりも、サンドバーグがデタラメに作った診断のほうが、「より正確に自分の姿をとらえている」と思ったのですから、何とも言いようがありません。

結局、私たちは、自分が信じたいと思うことを信じるのであって、本当のことなど、どうでもいいのかもしれませんね。

自分でも不健康な生活を送っていることがわかっていても、だれかから、「いやあ〜、○○さんは、羨ましいくらいの健康体ですね」と言われたら、その言葉を信じて、「自分は健康だ」と思い込むのです。私たちは、自分に関してはそれほど客観的に考えられないのかもしれません。

POINT

ポジティブな内容は受け入れやすいため、騙されていても気づきにくい

【認知をゆがめる方法5】
催眠状態に導き「反論」を消す

「暗示」と「催眠」という言葉は、どちらも似たような意味で使われることが多いのですが、どういう違いがあるのでしょうか。

「暗示」というのは、相手の思考や行動を心理的に誘導するテクニックのことを指します。「催眠」のほうは、暗示にかかりやすい状態のことを指します。**相手を「催眠状態」にすることが、暗示を成功させる前提ともいえるでしょう。**

なお、「催眠」と「睡眠」という言葉も似ていますが、これも違います。

　催眠状態になったからといって、必ずしも、眠気を感じるとか、そういうことはありません。意識はあるのです。ただ、**高度な批判能力や、判断能力は奪われて、相手の言うことを無批判に受け入れてしまうような状態**になっているだけです。

　催眠にかかった状態のときには、テレビのCMを見ても、「こんな商品はインチキだよ！」とか「消費者を騙そうとしているんだよ」といった判断は難しくなります。「ああ、いい商品だなあ。こういう商品が欲しいなあ」と無批判に受け入れてしまいやすくなるのですね。

相手が催眠状態に入ると

心理実験--

　ワイオミング大学のジェームズ・マロットは、48 名の大学生に催眠をかけてみました。目を閉じて、腕が重くなっていく、身体が重くなっていく、といった催眠をかけてみたのです。

　それから、4 分半の説得テープを聞かせてみました。説得テープには、「大学を卒業するときには難しい試験を実施したほうがいい」ということを語る内容が含まれていました。学生にとっては、試験などないほうがいいに決まっているので、これは到底受け入れられる内容ではありません。

　ところが催眠にかけられた学生たちは、特に反対することもなく、この内容を受け入れてしまうことが明らかにされました。
　テープを聞いている間、どのようなことが頭に浮かんだのかも聞いてみたのですが、反論思考のようなものは、浮かびにくいこともわかりました。

　この実験結果からわかることは、誰かに何らかの商品を売り込むときには、まず催眠状態に入ってもらうことが大切だということです。

　では、どうすれば催眠状態に入りやすくなるのでしょうか。
　手っ取り早いのは、できるだけリラックスしてもらうことです。すなわち相手の警戒心を解き、緊張感をほぐしてあげるのです。

「暑いですから、〇〇さん、上着は脱いでしまってください。私も上着を脱ぎますから」と言って、身体をくつろがせるように促したり、ゆっくりと落ち着いた声で話すことで、相手も緊張がほぐれ、次第にリラックスしていきます。

このように身体と心がリラックスしてくると、相手も催眠状態に入りやすくなります。この状態になってから商談に入ったほうが、説得がうまくいく見込みは高くなるのです。

商談に入るときのコツ

POINT

『北風と太陽』の寓話のように、相手をリラックスさせたほうが心を許してくれる

6

【認知をゆがめる方法6】

「権威」を用いて
盲信させる

　私たちは、一般に、「権威」には頭が上がらないことがわかっています。相手に権威があると思うと、その瞬間に、正常な思考能力が失われるらしく、盲目的に、相手が言っていることに従ってしまう、ということがあるのです。

　たいていの人は、お医者さんの言うことは素直に聞き入れますよね。

「本当に合っているのか？」などと疑ったりはせず、唯々諾々と、「はい、はい」と聞いてしまうのではないかと思います。それは、お医者さんが「権威」だからです。

　何か困った問題を抱えていて、弁護士のところに相談に出掛けたとします。その際に弁護士から、「いろいろなやり方がありますが、○○してみるのはどうでしょうか？」と提案されたら、たいていの人はそれを素直に受け入れるのではないかとも思います。なぜなら、弁護士もまた、「権威」だからです。

　怪しげな雑誌に荒唐無稽な内容の記事が書かれているとしましょう。「月には生物がいる」とか、「深海には人が住んでいる」

といったように。たいていの人は、うさんくさいと感じて信じる気にもならないはずです。

ところが、まったく同じ記事が、一流科学雑誌の『サイエンス』に掲載されていたらどうでしょうか。「ひょっとしたら月にも生物がいるのか?」という気持ちになるのではないでしょうか。

人を暗示にかけるときには、権威に頼るのが手っ取り早い方法です。

権威を持ち出せば、たいていの人はその瞬間に思考停止状態に陥って、たいして深く考えもせず、受け入れてくれます。

心理実験 --

カンザス大学のキース・ハルペリンは、男女30名ずつの計60名に、インチキな心理テストの診断結果を渡して、「この診断結果はどれくらい自分に当てはまりますか?」と尋ねる実験をしたことがあります。

ただし、診断結果には、どんな人が診断したのかについてのプロフィールも書かれていました。権威が高い人と、そうでもない人です。プロフィールは次の3種類が用意されていました。

権威が高い	博士号を持つ臨床心理学者。メンタルヘルスセンター所長
権威が中程度	修士号を持つ大学院生。メンタルヘルスセンターで数年間の臨床経験あり
権威が低い	最近、メンタルヘルス技術者の資格を取ったばかりの大学生

それぞれの参加者に配られた診断結果は、中身がすべて同一でしたが、「権威が高い人が診断したもの」とわかる場合のほうが、その結果を「受け入れる」とした割合が高くなることがわかりました。

　逆に、あまり信用できない人が診断した結果については、「自分にはよく当てはまっていない」と拒絶する割合が高くなったのです。

　人を暗示にかけるときには、「これは偉い科学者の研究でわかっているんだけど……」あるいは、「一流の専門雑誌に出ていた記事なんだけど……」と、権威を感じさせるようなことを匂わせてください。そうすれば、相手をうまく説得することができます。

POINT

**権威ある人の話を持ち出すと、
相手の思考が停止するため説得しやすい**

7

【認知をゆがめる方法7】

「断定」して信じさせる

コンピュータに保存されたデータは、コンピュータが故障しない限りは、保存されたときの状態で変化することはありません。

ところが、人間の記憶は、そういうわけにはいきません。

人間の記憶は、コンピュータに保存されたデータとは違って、ちょっとした他人からの暗示によっていくらでも変化してしまうものなのです。

自分の記憶に自信がある人は、そんなにいません。

たいていの人は、自分の記憶があやふやであることをちゃんとわかっています。

そのため、他の人に「断定的に」何かを言われると、「そんなことも言ったかな？」「そんなこともあったのかな？」とつい信じてしまうものなのです。

「この前、千円貸したよね？」と言われると、私たちはそんな記憶などまったくなくとも「ひょっとしたら、自分が忘れているだけなのかも……」と不安になって、相手に借りたお金を返そうとします。

心理実験

コロラド大学のリディア・ギルストラップは、赤いシャツを着た男性がギターを弾いて、ソーダを飲むといった場面の映像を2分間見せてみた後で、その内容についての記憶の実験をしてみました。

ただしギルストラップは、実際の映像にはない、インチキな質問をしたのです。「男性の服は青色でしたよね？」といった聞き方をしてみたのです。

ところが多くの実験参加者は、あまり深く考えずに、イエスと答えることが多いとわかりました。

「男性の洋服は何色でしたか？」と質問されたときには、「赤色」と正しく答えられる人でも、「男性の服は青色でしたよね？」と断定的に質問されると、ついイエスと答えてしまうことが明らかにされたのです。

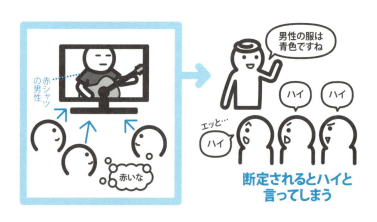

相手が、あまりメモなどをとらない人なら、暗示によっていくらでも言うことを聞かせることは可能です。

「締切は、2カ月後っていうことで話は決まっていましたよね？」

「初回の注文は、商品が100個ではなく、300個でよろしかったですよね？」

　こんなふうに自分にとって都合のいい話を持ちかけても、相手がメモをとっていなければ、言いなりにできるケースもあるのではないでしょうか。相手から強気に断定されると、私たちは「自分がそう言ったに違いない」と思ってしまうものです。

　特に電話で約束したときなどは、「1」と「7」を聞き間違えていたり、「四日」と「八日」を聞き間違えるということはよくあるので、「自分が間違えてしまったのかもしれない」と思い込み、相手の言うことに素直に従ってしまうなんてケースも考えられます。

　きちんと確認しない人を騙すのは簡単ですが、自分自身が騙されないようにするには、**とにかく何度も確認し、自分の記憶など信用しないで、大切なことはきちんとメモや記録に残すべきです。**

POINT

断定的に話されても、
事実ではあるとは限らない

4

8 【認知をゆがめる方法8】
「推測」を「事実」にすり替える

　最初は、まったくの「推論」にすぎなかったのに、それを他の人に語って聞かせるうちに、自分の心の中で、どんどん「事実」になってしまうことがあります。

「うちの部署の○○さんって、上司と不倫しているみたい」という根拠もない推測が、同じ話を何人かの人に語っているうちに、「○○さんは上司と不倫している」という事実へと徐々に、徐々に変わっていってしまうことがあるのです。

　人間というのは、自分に都合のいいデータを集めようとするところがあります。
　いったん自分なりの仮説を立てたり、推測なりを下してしまうと、今度はその仮説や推測に一致するように、都合のいいデータを集め始めるのです。
　例えば、不倫を疑っている相手が、上司と事務的な話をしているのを見るだけで、「用もないのに話しかけている。やっぱり2人は怪しい関係なんだ」という事実を裏づける証拠とみなすようになるのです。

174

心理実験

セントラル・ミシガン大学のデボラ・プールは、私たちは単なる推論にすぎないものを、そのうちに事実と見なしてしまうことを確認しています。

ジョンとメラニーという二人の実験アシスタントがちょっと口論している場面を目撃させ、「ジョンとメラニーは、どんな関係なのですか？」と質問したとします。

当然、部外者である実験参加者にはわかるはずがないので、「たぶん、恋人同士なんじゃないかな」といった推論で答えます。

ところが、それから1週間後にまたインタビューをして、「ジョンとメラニーの関係は？」と質問すると、今度は、「2人は、恋人同士だ」という事実として答えるようになるのです。

思い込みが既成事実に……

「たぶん、○○だろう」
「おそらく、○○に違いない」
「○○かもしれない」

　そんな推論も、あちこちでしゃべっているうちに、どんどん既成事実化していきます。これは一種の自己暗示の効果なのかもしれませんが、推論が事実に変わってしまうのですから、とても怖い現象です。

　噂が既成事実化する──。これは、よくあることではありますが、確信犯的に、推論を事実にすり替えて人を操ろうとするのはお勧めしません。詐欺的なうえに、万一、相手に意図がバレてしまったときに、人間関係を壊しかねないからです。
　あくまでも、こうした心理傾向があるということを胸に留め、根も葉もない話を本当だと思い込まないように注意してください。

POINT

**思い込みは記憶をゆがめる。
このことを自戒しておきたい**

9 【認知をゆがめる方法9】
「噂」で事実を デッチ上げる

　暗示は権威者が言うほど効果的であることがわかっています。

　医師や弁護士の言うことほど暗示効果が高いのですが、それは
お医者さんや弁護士が権威を持っているからです。

　ところが、暗示効果が高い「噂話」に関しては、相手の権威は
あまり関係がないようです。

「○○みたいよ」と、こっそりと相手に聞こえるように漏れ聞か
せるのも、心に入り込む暗示のテクニックなのですが、こうした
噂話は誰もが知らず知らずのうちにしていることであり、誰が言
うかはそれほど重視されないようです。

心理実験

　米国ペンシルバニア州にあるアーシナス大学のガブリエル・プ
リンサイプは、175名の幼稚園児に、記憶の埋め込みの暗示を
試したことがあります。このときには、噂話の形で暗示を与えた
のですが、4つのクラスがあったので、それぞれに別々の条件を
割り当てたのです。

177

4分の1は、「ウサギが逃げ出して教室でにんじんを食べていたそうだよ」という噂を先生たちがしているのを聞く。

4分の1は、そういう噂をクラスメートがしているのを聞く。

4分の1は、実際にその場面を目撃するように仕向ける。

4分の1は、噂話も、目撃も一切しない。

さて、1週間後に、それぞれのクラスの子どもたちに、「ウサギが教室にいたことを覚えている？」と聞きました。すると、実際に目撃したクラスの子どもの89％は覚えていました。目撃したのですから、さすがに覚えていたのでしょう。

ところが、自分では見ていないくせに、先生たちが噂しているのを聞かされた子どもたちも、86％は覚えていると答えました。先生の噂で暗示にかけられて、見てもいない場面を見ていると答えたのです。

先生は、子どもにとってみれば権威ですから、噂話も効果的だったのは何となくわかります。

ところが、他のクラスメートから噂を聞いた子どもたちも、89％はその場面を目撃したと答えていたのです。つまりは、噂話を聞かされるのが権威でなくとも、暗示にかけられたのです。

最後に、自分で目撃することもなければ、噂話も聞かされないクラスの子どもでは、5％だけが「見た」と答えました。

噂話の影響は大きい

 ウサギを見た → 1週間後 → ウサギを見た子の **89%** が見たことを覚えている

 先生の噂話を聞いた → 1週間後 → 先生の噂話を聞いた子の **86%** が「実際に見た」と答える

 友だちの噂話を聞いた → 1週間後 → 友だちの噂話を聞いた子の **89%** が「実際に見た」と答える

　私たちには、噂話をする相手が信用できる人かどうかを考えずに、噂話を鵜呑みにする傾向があるのかもしれません。何の根拠もない話を信じこんで痛い目に遭わないよう、用心する必要があるといえるでしょう。

POINT

**噂話には尾ひれがつくもの。
話半分に聞き流そう**

4

10 【認知をゆがめる方法10】
暗示を埋め込む
インタビュー技術

　かつてアメリカのマクマーティン幼稚園というところで、先生たちが数百人にものぼる園児を虐待しているとされた事件がありました。園児たちも、口をそろえて「虐待された」と答えたので全米が騒然となりました。

　けれども、きちんと調査してみると、ただの一件も虐待の事実はなかったのです。園児たちはみな、ありもしないようなことを答えていたのでした。

　実は、調査を行った人物が、ありもしない虐待があったかのように園児たちに暗示をかけるインタビューをしていたのです。

**　こちらが聞きたいことを相手から引き出すインタビュー技術は、幼稚園の名前をとって「マクマーティン・インタビュー・テクニック」と呼ばれるようになりました。**

　テキサス大学のセナ・ガーベンは、このテクニックは主に6つの要素からなることを突き止めています。すでにこれまでにも指摘した内容も含まれていますが、すべてご紹介しておきましょう。

180

①相手が答えを言う前に新しい情報をさりげなく与える暗示質問をする

（例）「お尻を触られたの？」

　　　「裸の写真を撮られたことを覚えてる？」

②他者を引き合いに出す

（例）「他の子たちも言ってたんだけど……」

③肯定的な結果を示す

こちらが望んでいることを言ったときにホメる

④否定的な結果を示す

こちらが望んでいることを言わないときに失望したり、頭が悪いと思っている素振りをする

⑤質問のくり返し

（例）「裸を撮られたことを覚えている？」

　　　「ううん」（頭を振りながら）

　　　「思い出せない？」

　　　「うん」

　　　「もう少し考えてみて、記憶が戻るかもしれないから」

⑥推測の歓迎

これは①から⑤までのテクニックが失敗したときに多用されていた。イメージや空想をどんどん語らせる

（例）「もし身体を触られたとしたら、どこだったと思う？」

これら6つのテクニックを使えば、こちらが望んでいるような答えを相手から引き出すことが可能になってしまうのです。

相手に無理やり言わせるように持っていくわけですから、倫理的にもかなり問題のあるインタビュー法だといえます。

私は、この手法を使うことは奨励しません。ないものをあると言わせるような強引な方法で人を操るしっぺ返しは必ず受けますし、不本意な結果をもたらすことは目に見えています。

そうではなく、悪意を持った他人に操られないためにも、こうした形で尋ねられたときにサッとその場から離れたり、相手の質問を拒絶できるようになるための知識にしてほしいと思います。

POINT

ウソの記憶を作りあげ、人を騙そうとする強引なアプローチに用心する

4

11

【認知をゆがめる方法11】

新しい情報を与え
ミスリードする

4

人を操る「基本テク」

　2つの情報があるとして、その情報が食い違っているとします。このような場合、人は最初に記憶したものではなく、最後に記憶したものに影響を受けます。最新の記憶のほうが、鮮明だからです。

ミスリーディングという心理テクニックが有効なのは、人は新しい情報が頭に入ってくると、オリジナルの情報のほうをすっかり忘れてしまうからなのです。

心理実験

　ケント州立大学のマリア・ザラゴザは、ある男性がオフィスに入って、椅子の修理をし、20ドルを見つけて盗むという映像を使って、記憶の実験をしました。その映像内では、テーブルの上に『グラマー』誌が置かれていました。

　映像を見た後で、実験参加者たちは、同じ映像について書かれた文書を読みました。この文書は750字で書かれていたのですが、半分のグループでは、ミスリーディングの操作が行われました。テーブルの上に置かれていた雑誌が『ウォール・ストリー

ト・ジャーナル』誌であると書かれていたのです。

　残りの半分では、テーブルの上に置かれていたのは、「雑誌」とだけ記述されていました。こちらはミスリーディングがない条件です。

　それから映像についての記憶を尋ねて、正しく『グラマー』誌であると思い出せたかどうかを測定してみると、ミスリーディングがない条件では75％が正しく雑誌名を思い出せました。

　ところが、映像の後に文書を読まされ、そちらでミスリーディングされた条件では、48％しか正しく雑誌名を答えられませんでした。彼らは、ミスリーディングにひっかかってしまっていたのです。

人は新しい情報をインプットしやすい

2つの情報が食い違うような場合、私たちは、新しく頭に入ってきた情報のほうに引っ張られます。もともとの情報が正しくはどうだったのかなど、あまり考えなくなってしまうのです。

交渉においては、きちんと交渉の記録をつけておかないと、相手の都合のいいように条件面を変更されてしまうことがあります。最終的に契約書を交わすときになって、最初の条件とは全然違っていたりする場合もあるので、気をつけましょう。**やり手の交渉者と交渉をするときには、毎回の交渉の記録をしっかりとつけて、相手にミスリーディングされないような防衛手段を講じる必要があるでしょう。**

POINT

人は新しい情報に
多大な影響を受けてしまう

劇的に人を動かせる！

暗示コミュニケーションのコツ

5

1

【実践テクニック1】

人がスイスイ
動いてくれる！

これまでに、暗示の種類や使い方について見てきました。

前章では、暗示による働きかけで、いかに心が無防備になり、相手の言いなりになってしまうのかについてお話ししました。

ともすると、だれもが気づかないうちに、狡猾な人やずるい人に振り回されているのかもしれません。自己防衛する意味でも役立つ知識ですので、日頃から意識して点検するとよいでしょう。

さて、本章からは、いよいよ人を操る暗示の実践テクニックをご紹介していきます。その効果の一例を挙げると、

・数秒で相手の警戒心を解ける
・頼みごとを聞いてもらえるようになる
・人間関係のストレスが激減する
・上司に取り立ててもらえる

こんな効果が期待できます。

人に暗示をかける最適な場面といえば、やはり、一対一で会話をする場面です。無意識に働きかけて望ましい方向に導くために

も、「暗示コミュニケーション」を使いましょう。

やり方はとてもシンプルで、言葉づかい、表情、しぐさなどを工夫するだけでOKです。人に好かれながら、あらゆる場面で人を動かせるようになります。

初心者でもすぐにできる方法から、ひとつ上の強力な効果を発揮する方法まで、選りすぐりの暗示方法をご紹介していきます。

暗示コミュニケーションは効果的

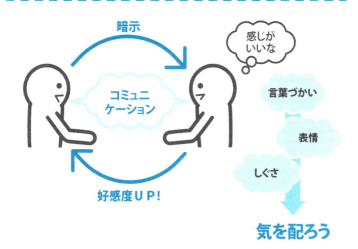

POINT

暗示コミュニケーションを使えば、仕事もプライベートもさらに充実する！

2 【実践テクニック2】
相づちは
好意的に打つ

　私たちは、相手の何気ない反応を見て、自分の答えが正しいの
か、それとも間違えているのかを判断しています。
　その意味では、何気ない相づちでさえ、暗示の効果を備えてい
るといえるでしょう。

心理実験

　ケント州立大学のマリア・ザラゴザは、98名の大学生にディ
ズニー映画の『Looking for Miracles』を8分間見せて、その
内容についての記憶を尋ねました。

　具体的には12の質問をするのですが、そのうち4つの質問
は実際には映像になかったものです。例えば、「デラニーが倒れ
たとき、どこから出血しましたか?」といった質問をしたのです
(実際には、出血などしていませんでした)。

　その際、インタビュアーは、半分の学生に対しては「ひざだと
思います」と答えたときには、「そう、その通り、ひざでしたね」
と追認するような相づちを打ち、残りの半分の学生に対しては、

「ひざです」と答えたときに、「ふぅん、ひざ……、ひざですか……」という素っ気ない相づちを打ったのです。

それから1週間後、もう一度記憶のテストをしてみると、「そう、その通り」と追認された相づちをされた学生は、素っ気ない相づちをされた学生に比べて、インチキな記憶をその通りだと思っていることが明らかにされたのです。

私たちは、人にホメてもらえる方向に誘導されることが多いことがわかっていますが、相づちが好意的かどうかでも、誘導されてしまうといえるでしょう。

これは、日常生活でも大いに活用できるテクニックですのでぜひ、試してみてください。

相手は「相づちの打ち方」を見ている

✗ 相づちが そっけない

○ 同じ言葉でも、与える印象が異なる

もしも、自分の子どもが、「私、お絵描きが大好き！」と言ってきたときに、「うん、そうね。お絵描きって楽しいもんね」と、子どもの発言を認めてあげるように相づちを打つと、子どもはさらにお絵描きに夢中になっていくでしょう。

ところが、「ふぅん、そう……、よかったね……」と冷たい相づちを打つと、子どもはせっかくのお絵描きをやめてしまうでしょう。

親が「お絵描きをやめなさい」などと言わなくとも、子どもはちゃんと親の反応を見て、「これはあまり望まれていないのだな」と感じてしまうのです。

親の何気ない相づちによって、子どもの人生が大きく変わる可能性があります。子どもはしっかり親を観察しています。ぜひ気持ちを込めて相づちを打ってあげてください。

POINT

**好意的に相づちを打つと、
相手の心に響いて行動を促せる**

【実践テクニック3】

首をタテに
振りながら話す

　私たちは、目の前にいる人のしぐさや行動を自分でも気がつかないうちに真似していることがあります。

　例えば、目の前の人がにこやかな表情を浮かべていると、こちらも自然と笑みがこぼれますし、目の前の人がテーブルの上に両手を広げて出していれば、こちらも膝の上に手を置くのではなく、テーブルの上に置くようになったりします。目の前の人が髪の毛を触っていると、自分も髪の毛を触りたくなってきます。

　このような現象は、シンクロニー（「共時性」や「同時性」などと訳されます）と呼ばれています。

　さて、だれかに暗示をかけるときには、このシンクロニーの現象を利用して、できるだけ自分の首をタテに振りながら会話をするとよいでしょう。

　こちらが首をタテに振りながら話していれば、それにつられて相手も首をタテに振り始めます。

　ここで考えてみてください。日本語で、「首をタテに振る」というのは、どういう意味でしょうか。「受け入れた」とか「賛成する」という意味ですよね。

不思議なもので、首を何度もタテに振っていると、私たちは相手の意見や提案、要求についても、受け入れたくなっていくのです。そういう暗示にかかるわけですね。

　一旦、相手に受け入れる態勢が整えば、皆さんがどんな提案をしても、拒絶することなく、「いいですよ」と聞いてくれる可能性が高まるというわけです。

　これは心理学の実験でも確認されています。

心理実験 -

　カリフォルニア州立大学のガイル・トムは、158名の大学生を2つのグループに分けて、新製品のヘッドフォンを評価させる、という実験をしたことがあります。

　ただし、最初のグループには、「このヘッドフォンは、ジョギング用に設計されているので、ジョギングをしているときのように、首をタテに振りながら音楽を聞いてもらえませんか？」とお願いしました。なんともうまい言い訳をつけたものです。そういうことで、さりげなく首をタテに振らせてみたのですね。

　それから、このヘッドフォンを好むかどうかを尋ねてみると、69.6％の人が好ましい評価を下しました。

　残りの半数のグループは、「このヘッドフォンはサイクリング用に設計されているので、首を左右に振りながら音楽を聞いてもらえませんか？」とお願いされました。すると、どうでしょう。まったく同じヘッドフォンであったにもかかわらず、今度は、46.6％しか好ましい反応をしてくれませんでした。

「首をヨコに振る」というのは、拒否や反対のしぐさですよね。したがって、そういうしぐさをとらされていると、無意識のうちに、それが嫌いになっていくのです。

この実験から明らかなように、人を暗示にかけるときには、とにかく自分が先に首をタテに振りながら会話をしてください。そのうち相手もつられて首をタテに振り始めるでしょうから、実際にお願いをするのはその後です。

商談でも効果的

POINT

首をタテに振ることで、相手もつられてイエスと言いたくなる

4 【実践テクニック4】
いきなり本題に入らない

　ベンジャミン・フランクリンといえば、アメリカで一番好感の持てる人物として知られています。

　そんな彼が使っていたのが、**少しずつ相手に質問をして、罠に仕掛ける方法でした。**

　例えば人と議論をするとき、真正面からやり合おうとすると、相手のメンツを潰すことになってしまいます。これでは議論には勝てても、相手には嫌われたり、反感を持たれたりするので望ましくありません。

　そこでフランクリンはどうしたのかというと、**相手が反対できないように、少しずつ誘導質問をすることで、こちらの言うことを受け入れざるを得ないように仕向けたというのです。**

「どうせ商売をするのなら、みんなが幸せになれるような商売がいいですよね」
「まあ、そうだな」
「もし仮にそういう商売があるとしたら、○○さんのように気前のいい人として知られている人物ならば、ぜひ協力したいと思うんじゃありませんか？」

「そうだろうね」
「実は、私は、だれもが幸せになれるような会社の設立を考えているのです。金銭的な援助をお願いできませんか？」
「えっ！？　まあ、少しならいいですよ」

　フランクリンは、このように少しずつ質問して、相手が断れないように仕向けるのがとても得意だったといいます。

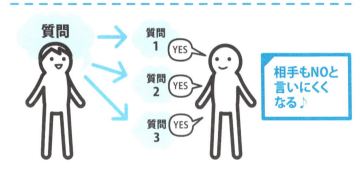

質問を小分けにすると……

　ただし、あまりにもフランクリンがこの方法を多用しすぎたせいなのか、そのうち周囲の人たちにも作戦がバレてしまったようです。

　フランクリンはその自伝において、「彼は滑稽なほど用心深くなって、ごくありふれた質問に対しても『そんなことを聞いて、いったいどんな推論をしようというのだ』と予め尋ねてからでなければ、ほとんど返事もしないようになってしまった」と懐かし

く回顧しています（『フランクリン自伝』岩波文庫）。

とはいえ、相手を上手に誘導できるこの方法が有効であること
は確かです。フランクリンの例だけでなく、他の実験でも明らか
にされています。

ニューヨーク市立大学のバーバラ・ドーレンウェンドによると、
経験豊富なインタビュアーは、少しずつ誘導していく質問をよく
使うようです。

ヘタなインタビュアーは、いきなり本題に入るような質問をし
て、相手に口を閉ざされてしまうわけですが、経験のあるインタ
ビュアーは、相手がすんなりと軽く答えられるような質問を重ね
ていき、相手からたくさんの反応を引き出すのがうまい、とドー
レンウェンドは指摘しています。

相手にお願いしたいことがあるときには、いきなり本題に切り
出すのは、あまりよい作戦とはいえません。フランクリンがやっ
たように、少しずつ乗せていくのがポイントです。

POINT
相手がイエスと答える質問をしながら
合意を取り付けよう

上手に誘導するコツは？

真正面から やり合う

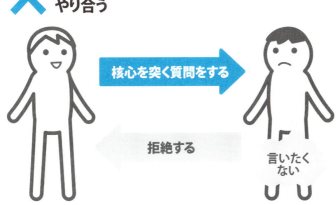

反論しにくい 状況をつくる

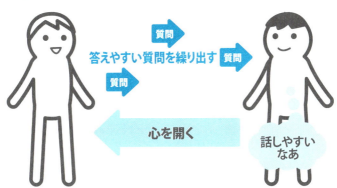

【実践テクニック5】
難解な専門用語を使う

　私たちは自分に理解できるものしか受け入れないと思われていますが、そんなことはありません。

　難解で理解できなくとも、人は受け入れてしまうことがあります。非常に難しい哲学書などを読んで、さっぱり理解できないにもかかわらず、その書物をありがたがったりする経験はありませんか。とても不思議な現象ですが、人間にはそういうところがあるのです。

難しい本に価値を感じる

イタリアにあるパレルモ大学のマルコ・タバッチは、わかりやすく書かれた文章と、難解な神経科学の専門用語がふんだんに使われている文章を用意して、150名の大学生に読ませてみました。

　すると、学生たちは、わかりやすい文章よりも、難解な専門用語で書かれた文章のほうを多く受け入れたのです。

　たとえ意味がわからなくても、専門用語が入っているだけで、私たちは「おそらく立派な内容なのだろう」と思い込み、むやみにありがたがり、やすやすと受け入れてしまうのです。

心理実験

　ニューヨーク大学物理学科教授のアラン・ソーカルは、とてもユニークな悪ふざけをしてみたことがあります。『ソーシャル・テクスト』という専門雑誌に、まったく理解不能な専門用語をちりばめたパロディ論文を投稿してみたのです。

　例えば、論文には次のようなことが書かれていました。

「社会的な『実在』に劣らず物理的な『実在』もその根底において社会的かつ言語的構築物にすぎない。かつては定数であり普遍的であるとみなされてきたユークリッドの π もニュートンの G も、今やそれらがもつ避けがたい歴史性の文脈の中で捉えなおされることになる」

　まったく何を言っているのか、さっぱりわかりませんよね。執

筆したソーカル自身にもわかりません。なぜなら、支離滅裂な文章だからです。ソーカルは悪ふざけでこの論文を投稿したのですが、驚くことに専門家の審査者に受理されてしまったのです。

　専門雑誌に掲載されて一番びっくりしたのはソーカルのほうだったでしょう。

　論文の審査者たちも、おそらくはさっぱり理解不能だったかもしれませんが、理解不能だったからこそ、「何やら高尚な議論が展開されているようだ」と思い込んで、受理してしまったのかもしれません。

　ソーカルのパロディ論文の顛末は、『「知」の欺瞞』（岩波書店）に詳しく出ておりますので、一読してみてください。

　ともあれ、専門用語を使うと簡単に人を騙せることがある、ということを覚えておくとよいでしょう。

POINT

**難解な文章は人の思考を止めてしまう。
安易に盲従するのはやめよう**

5

6 【実践テクニック6】
相手を持ち上げ ながら忠告する

5

暗示コミュニケーションのコツ

　暗示をかけるときは、相手を喜ばせたり、自尊心をくすぐったりするようなプラスの内容であるほど、受け入れられやすいことがわかっています。逆に相手をけなしたり、不愉快にさせたりするような内容だと、受け入れられにくいことがわかっています。

心理実験

　グランドバリー州立大学のヴィクター・ドミトルクは、いくつかの心理テストを受けさせた人たちに、インチキな診断結果を返却しました。

　診断結果は2種類用意されていて、ひとつはポジティブなことばかりが書かれていました。例えば、「あなたには自己批判能力がある」「あなたの潜在能力は非常に高い」「あなたは性格的な強さを持っている」という具合です。

　もうひとつの診断結果は、ネガティブなことばかりが書かれていました。「あなたには自己批判能力がない」「あなたの潜在能力はそんなに高くない」「あなたは性格的な弱さの問題を抱えている」という具合です。

203

それぞれの診断結果を渡された人に、「あなたはどれくらい当てはまると思いますか？」と尋ねてみると、ポジティブなことが書かれた診断結果を受け取った人のほぼ全員が、「当てはまる」と答えたのです。

　ところがネガティブな診断結果を受け取ったグループでは、「受け入れない」と答える人の割合が増えました。

　私たちは、言われて嬉しいことであれば受け入れますが、耳に痛いことや、あまり聞きたくないようなことについては、知らないうちに拒絶してしまうところがあるといえるでしょう。

　人に暗示をかけるときには、できるだけポジティブな表現を心がけましょう。ネガティブな表現だと、心理的に拒否される可能性が高いからです。

　例えば部下を指導するときに、「あなたは、創造性がなくて、平凡なアイデアばかり出すね」と注意するのではなく、「あなたは、手堅く、実現しやすいアイデアが出せるね」と伝えたほうが、部下の心をつかむことができ、さらによりよい行動へと導くことができるのです。

POINT

厳しい現実を突きつけても
人は耳を貸さない

5

【実践テクニック7】
気持ちのいいことを ささやく

5

暗示コミュニケーションのコツ

　私たちは言われて嬉しいことは、そのまま言葉通りに受け入れます。ナポレオンは、お世辞を言われてもそれほど喜ばなかったそうですが、それでも「陛下に、お世辞は通用しませんね」と言われたときには、まんざらでもない顔をしたという話があります。

　私たちは、言われて嬉しいことであれば、そのまま無批判に受け入れるのです。

　逆に、耳に痛いことや、あまり聞きたくないことを指摘すると、相手も「それは誤りではないか」と拒絶し、頑なに心を閉ざしてしまうのです。

心理実験

　米国ウェイン州立大学のロス・スタグナーは、68名の人事担当者に心理テストを受けてもらいました。彼らは、採用の選別のために心理テストに慣れていて、心理テストの有用性がわかっている人たちです。

　そんな彼らにインチキな結果を渡して、それぞれの診断結果をどれくらい受け入れるのかを調べてみました。

　すると、「あなたは変化と多様性を好む人です」という診断結

果には、63％の人が「驚くほど正確」と答えました。おそらく、とても嬉しい指摘だったのでしょう。
　「あなたは他の人からの影響を受けつけず、自分なりの考えをしっかり持っている」という診断結果は、49％が「驚くほど正確」に自分に当てはまると答えました。やはり、これも言われて嬉しい言葉だったことが推測できます。

　ところが、「あなたの夢は少し非現実的です」という診断結果には、43％が「まったく正しくない」と答えました。

「あなたは非現実的だ」というのは、気に入らない診断結果だったのでしょう。そのため、43%もの人が、「そんなのはウソだ」と答えたことになります。

「あなたは努力家だから、絶対に成功する」

「あなたはまだ成果を出せていないけど、その頑張りは社内の全員が知っている」

「あなたほど勤勉な人はいない」

　というような、相手の自尊心をくすぐるようなことであれば、たとえ根拠のないことでもすんなり受け入れられるでしょう。自尊心をくすぐるようなことは、たいてい受け入れられるものなのです。

　よほどの聖人君子であれば、耳に痛い批判でも、受け入れてくれるのかもしれませんが、大半の人は、そうではありません。聞きたくないことは、聞いてくれないのが普通ですから、受け入れてもらえないようなことを言ってはいけません。ただ自分が嫌われるだけですから。

POINT

注意するときは、8割以上ホメて、指摘は最小限に留めよう

5

8 【実践テクニック8】

たくさん質問して信用させる

　質問項目がたった3つの心理テストと、質問項目が30もある心理テストでは、どちらのほうが正しく自分の姿を診断できると思うでしょうか。おそらく、「質問項目の多い心理テストのほうが、より正しい」と思うのではないかと思います。

　私たちは、たくさん質問されるほど、正しい姿を見抜けるものだ、と思い込んでいます。たとえそれが無関係な質問であっても、ただ質問が多いだけで、何となく正しいと思い込みやすいのです。

心理実験--

　カンザス大学のチャールズ・シュナイダーは、質問が細かくなるほど、信ぴょう性も高くなるということを実験的に確認しています。

　シュナイダーは21名の女子大学生に、占星術師が診断したというホロスコープの結果を渡しました。

　ただし、人によって、質問される数が違っていました。ある人は、まったく何の質問もされずに診断結果が渡されました。別の人は、生まれた年と月を質問され、さらに別の人は、生まれた年と月と日を聞かれる、というように条件がわかれていたのです。

それから、「どれくらい当てはまりますか？」と5点満点で尋ねてみると、何も質問されずに診断された人は3.24、生まれた年と月を質問された人は3.76、生まれた年と月と日まで詳しく聞かれた人は4.38という結果になりました。

たくさん聞かれた人ほど、診断結果を、「自分によく当てはまっている」と答える傾向が明らかにされたのです。

どうも私たちは、質問が多いほど、その結果を信用しやすいようですね。逆にいうと、**人を信用させたいのなら、たとえ無関係なことであっても、根掘り葉掘り質問すればいいのです**。質問する項目が多くなればなるほど、信用してもらえるでしょうから。

ですから、商談などの場面では、できるだけ熱心にお客さんに尋ねて話をじっくりと聞くとよい印象を持たれる可能性が高いのです。ぜひ、試してみてください。

POINT

人に会って話を聞くときは、質問を多めに準備しておこう

【実践テクニック9】

思いきり期待して
背中を押す

たとえ生まれつきの性格が冷たい人でも、「あなたって、ものすごく心が温かくて、親切な人なのね」と言われたら、少なくともそう言ってくれる人に対しては、冷たい態度を見せることはできなくなるでしょう。

なぜかというと、私たちには、他人に期待されている行動をとりたい、という気持ちがあるからです。これは、たいていだれにでも当てはまります。

私は、もともと文章を書くのが好きだということもあるのですが、多くの編集者に、「内藤先生は本当に仕事が早いですよね」と言われます。

不思議なもので、そう言われてしまうと、こちらも余計に張り切って執筆してしまいます。締切に間に合わないことがないよう、必死に頑張ってしまうのです。ひょっとしたら、編集者はそういう人間の心理を知っていて、私に暗示をかけているのかもしれません。

ともあれ、人を動かすときには、「こういうことをしてほしい」と上手に期待を伝えてしまうといいでしょう。

「あなたのような寛大な人であれば、困っている私を助けてくれるはず」という期待をかけられると、なかなか冷たい態度をとることはできなくなりますから。

心理実験

ペンシルバニア大学のロバート・クラウトは、これを実験的に確かめています。

クラウトは、コネチカット州ニューヘブン在住の主婦に、身体障碍者のための募金をお願いしてみました。

けれども、47％しか応じてくれず、募金の平均額は0.41ドルでした。

そこでクラウトは、募金をお願いする前に、「あなたは、とても寛大な人のように見えますね」と伝えてみました。

すると今度は、62％が快く応じてくれて、募金の平均額も多かったのです（0.70ドル）。

期待していると伝えよう！

人を動かすときには、「あなたは○○だ」というラベルを貼りつけましょう。そうすれば、相手はラベルに沿った行動をとってくれるようになります。これを「ラベリング効果」といいます。

部下に海外勤務や、成功する見込みの低いプロジェクトの責任者を引き受けてもらいたいのなら、「キミは、勇敢な男だ」「キミほど、大胆な人間はいない」といったラベルをたくさん貼りつけておきましょう。

そういうラベルをたくさん貼りつけた後で、「実は、こういう仕事があるのだが……」と話を持っていくのです。そのほうが、いきなりお願いをするよりも、応じてくれる割合は高くなるに違いありません。

POINT

相手を鼓舞し、たたえるラベリングは
人を行動的にする

ラベリング効果を上手に使う

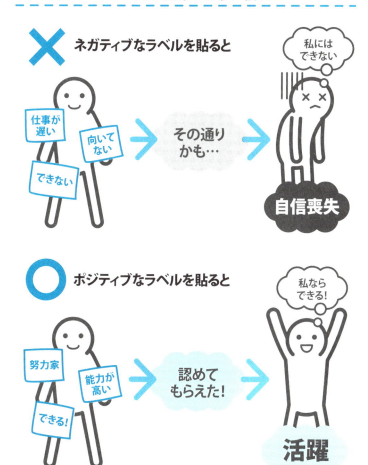

5

【実践テクニック10】

「賛同のサイン」を出して誘導する

　米国カンザス州にあるウィチタ大学のウィリアム・オークスは、とても面白い実験をしています。

心理実験--
　4人ずつのグループを作らせて討論してもらうのですが、別室でモニターしている心理学者が、参加者がよいコメントをするたびに、部屋にあるライトをチカチカと点滅させて知らせることになっていたのです。

　何度か部屋のライトがチカチカしていると、参加者は、「ははあ、なるほど、こういう発言をするとホメてもらえるのか」ということがわかってきます。
　するとどうなるかというと、ホメてもらえる方向に向かってグループの結論がどんどん誘導されていったのです。

　オークスによると、72人の参加者のうち、実に43人が点滅するライトの方向に自分の主張を変えていったといいます。59.7%の人は、ライトに誘導されたのです。

214

ライトなど気にせずに、自分の思った通りの発言を続けるのは72人中29人。40.3％は誘導されなかったという計算になりますが、それ以外の多くの人は影響を受けたといえます。

会議においても、私たちは微妙な暗示的影響を受けています。例えば、ある積極策を発言したとき、社長や重役が、ものすごく微妙な形ではあれ、ニコリと笑ってみせたとします。

すると、他の参加者たちも、こぞって具体策を発言するようになるでしょう。社長が、「その案は、いいね」と同意したり、賛成してみせたわけではなくとも、最初の積極策に微妙な笑顔を見せることで、参加者たちはそちらの方向が正しいのだということに気づいてしまうからです。

わざわざ人に嫌われるようなことをしたい、と思う人はめったにいるものではありません。

たいていの人は、どうすれば人にホメてもらえるのかということを常に考えて行動するものです。皆さんが上司なら、一人の部下を思いきりホメてみてください。「○○君は、いつでも机の上を整理整頓していて偉いなあ」と。それを耳にした他の部下たちも、おそらくはそのうち机の上の掃除を始めるはずですよ。

5

暗示コミュニケーションのコツ

POINT

望ましい行動を取った人をホメると、誰もが追随するようになる

【実践テクニック11】
社会的誘導法を使う

　私たちは、「他の人たちもやっている」「みんなが選んでいる」といった言葉に弱いことが知られています。
「みんな」という言葉を聞くと、つい「それじゃ、自分も……」と無意識的に思ってしまうようなのです。

　例えば、パソコンを買い換えようと思って家電量販店に出かけたとします。自分はそれほどパソコンに詳しいわけでもないと仮定しましょう。そこで店員に「よい商品を教えてほしい」とお願いしたところ、「こちらの商品はどうでしょう。大半のユーザーにご満足いただけています」と勧められました。
　おそらくは、その商品を買うことになると予想されます。「みんなが満足している」商品なのであれば、安心だろうと思うからです。
他人に暗示をかけるときに、魔法のような効果を発揮するのが「みんな」という言葉であることを覚えておきましょう。

「皆さんに、リサイクルの協力をしてもらっているんです」
「皆さんに、後片付けしてもらうことになっているんです」

「皆さんに、500円ずつ、募金のお願いをしているのです」

このように切り出されると、「自分だけは協力しないよ」とは、なかなか言いにくいですよね。このようなやり方を、〝社会的誘導法〟といいます。「社会的」というのは、「みんな」という意味です。わかりやすくいうと、「『みんな』という言葉を用いた誘導法」ということになります。

「みんな」という言葉が響く

心理実験

テキサス大学のセナ・ガーベンは、66名の子どもたち（3歳から6歳）に、面白い実験をしたことがあります。マミーという人物が幼稚園を訪れて読み聞かせをして帰っていくのですが、1週間後に、マミーについての誤った質問をしてみたのです。

ガーベンはまず、普通の暗示法で質問してみました。「マミーは、

面白い帽子をかぶっていたよね？」という具合です。実際には、マミーは面白い帽子などかぶっていませんでしたが、子どもたちがどれくらい暗示につられるのかを調べてみたのです。

　すると、3歳児では30％くらいがつられて「うん、面白い帽子をかぶっていたよ」と答えてくれましたが、4歳児以上の子どもは10％しかつられませんでした。

　次にガーベンは、社会的誘導法を含めて質問してみました。「マミーは、面白い帽子をかぶっていたよね？　すでに他の子たちにも同じ質問をしてみたんだけど、みんなそうだといってたよ」と聞いてみたのです。

　すると今度は、3歳児では80％、4歳児が55％、5歳児と6歳児でも50％が「うん、かぶっていた」と答えたのです。

　このように、社会的誘導法で暗示をかけると、その場にいるほぼ半数の人々に強い影響を与える可能性があるのです。「みんな」はとても便利な言葉。暗示を試したい人は、ぜひ使ってみてください。

POINT

ここぞという場面で「みんな」という言葉を使ってみよう

5

12 【実践テクニック12】
広告には暗示が
たっぷり

5

暗示コミュニケーションのコツ

　イスラエルにあるマネジメント・カレッジのオーレン・カプランは、催眠療法士の資格を持つ8名に、さまざまな広告を見せ、どのような〝催眠暗示のテクニック〟が使われているのかを指摘してもらったことがあります。

　カプランがまとめている催眠暗示のテクニックは、次のようなものでした。非常にわかりやすくまとめているので、それらをご紹介したいと思います。

① 「にんじんの法則」……将来的にトクをすると伝える
　　馬の目の前ににんじんをぶら下げておくと、馬は必死になってにんじんを追いかけて走るといわれています。人間も利益をチラつかせられると、それが欲しくなります。

② 「くり返しの法則」 ……メインテーマを何度もくり返す
　　訴えたいことを何度もくり返すのは、暗示の基本的な法則です。

③ 「ポジティブ暗示の原則」……「太りません」ではなく「痩せます！」とアピールする

219

否定語を「ポジティブな表現」に置き換えるというテクニックです。

④「ネガティブ暗示の原則」……逆のことを言って惹きつける

（例）「宝くじは買わないでね。億万長者になっちゃうから」

⑤「正の強化の法則」……行動するたびにホメる

（例）「まず○○してください」「そうそう、いいですね」「次に、これをしてください」「ああ、いいですよ、その調子！」「では最後に、○○してみましょうか」「最高ですよ！」

⑥「指示的暗示テクニック」……どんな行動を起こせばいいのかをきちんと伝える

（例）「今すぐお店に行って、○○を買おう！」

⑦「後催眠暗示テクニック」……ある行動をすることが引き金になるようなテクニック

「車に乗ることがあったら、我々を思い出してください」

この例のように「家を出るときには」「食事をするときには」といった行動を示し、その後、どうすればいいのかを伝える暗示。

⑧「チェイニング」……２つのまったく無関係なものを「鎖」（チェイン）で結びつけるテクニック

（例）「食べれば食べるほど、ますます愉快に」

⑨「反対の並列」……反対の概念を並列する

「ワインを冷やせば冷やすほど、心は温まる」

善と悪、昼と夜のように反対の概念を並べると、相手の心に深く刺さりやすいというメカニズムに基づいています。

⑩「前提の原理」……あることを前提にして話を進めるテクニック

「大切なのは、いつ買うかではなく、買うかどうかです」

すでに「買う」ことを前提にして会話を進めてしまう例。

⑪「自明性の原理」……それをするのは「当然です」とアピールするテクニック

「よいものは売れています。そしてわが社は業界ナンバーワン」

「自明性」とは「当たり前のこと」という意味。

カプランによると、これらの暗示テクニックが複合的に使われているほど、広告効果も高くなるそうです。

POINT

**人を魅了する広告には
暗示がたっぷり使われている**

5

13 【実践テクニック13】
「2回以上」伝えて、事実だと刷り込む

　たとえそれが間違えていても、2度目に目にするものは、私たちは「正しい」と思い込みやすいことが知られています。

　テンプル大学のリン・ハッシャーは、これを実験的に確認しています。

心理実験

　ハッシャーは、政治、スポーツ、芸術、歴史などについて、ほとんどの大学生にとっては正解がわからないクイズを作成しました。

　そのクイズを、2週間ずつ間隔を空けて、3回、解いてもらったのです。クイズには新しい問題もあれば、以前と同じ問題も含まれていました。

　クイズには、「シェークスピアの妻の名前は、メアリーである」といった問題がありました。ちなみに、これは誤りです（メアリーは、シェークスピアのお母さんの名前）。

　誤りではあるのですが、同じ問題を、2回、3回と出題していると、2回目以降は、それを正解とする人が驚くほど増えること

222

がわかりました。
「あっ、これは以前も見たことがあるぞ」と思った人は、なぜか「正解」と答えてしまうことが明らかにされたのです。

　最初に聞かされた話は荒唐無稽であったとしても、同じ話を、2度、3度と、聞かされていると、次第にそれが本当のことではないか、と思い込んでしまうところが、人間にはあるのです。

3回は繰り返し伝えよう

何度も言われるうちに、相手の反応が変わっていく

　たしか中国の逸話だったと思うのですが、だれかに「お宅の息子が人殺しをしたようだ」と聞かされた母親は、最初は「うちの息子に限って、そんなことは絶対にありえない」と信じていたものの、同じ話を、2人目に聞かされたときには不安になり、3人目に聞かされたときには、自分もとばっちりを食らってはかなわないと、裸足で逃げ出した、という話があります。

この逸話は、どんな内容のことでも、さすがに３回も聞かされると信じてしまうという人間の心理を言い当てています。

　人に暗示をかけるときには、１回だけでうまくいく、ということはないかもしれません。

　しかし、そこで簡単に諦めてはいけません。

　同じ暗示を、くり返しかけると、２回目のほうがうまくいく可能性は高まりますし、３回目はもっと可能性は高くなるでしょう。

　いっぺんにうまくやろうとするのではなく、「まあ、何回目かにうまくいけばいいか」と気軽に考えて暗示をかけるのがポイントです。

　「あなたは、きっと僕を好きになるよ。僕にはわかるんだ」と女性に言ってみてください。最初は、笑って相手にもされないでしょう。ところが、「あなたは、きっと僕を好きになる」というセリフをくり返していれば、本当に彼女はあなたのことが好きになってくるものなのです。

POINT

**一度断られても諦めてはいけない。
３回は言い続けてみよう**

5

14 【実践テクニック14】
正解をリードして、自信をつけさせる

リーディングというテクニックは、相手を騙すときだけでなく、子どもに勉強を教えたり、後輩に仕事を教えたりするときにも利用できます。

例えば、子どもに算数を教えるとしましょう。

このとき、ただ難しい問題を与えて、自分一人でやらせるだけでは、子どもも解くことができずに、自信を失ってしまいます。そこで、リーディングです。

問題を解けずに困っているようなら、正解をそのまま教えるのではなく、正解に結びつくような考え方ができるように、リーディングして、うまく誘導してあげればいいのです。

「他の人に分けたお菓子は、数が増えるの？　減るの？」
「この問題では、足し算と引き算のどちらを使うと思う？」

このようなヒントを与えていけば、子どもも解けるでしょう。そして、自分が正解にたどり着くまで親や先生にリーディングされたことには気づかず、自分の力だけで「解けた！」と思い込み、自信をつけていくのです。

心理実験 --

　ニューオーリンズ大学のウィリアム・キャッセルは、幼稚園児から小学4年生までの子ども、あるいは平均20歳の大人に記憶のテストを受けさせたことがあります。ビデオを見せてから、その内容についての記憶を尋ねたのです。

　その際、「だれの自転車でしたか？」といった質問をすると正答率はそんなに高くありませんでした。細かいところまで、覚えていなかったのです。けれども、「自転車は女の子のものだったよね？」と正しい方向にリーディングしてあげると、正答率は高くなりました。これは子どもでも大人でもそうでした。

　キャッセルはまた、間違えた方向にリーディングもしてみました。「自転車はお母さんのもので、女の子はそれを借りただけだったよね？」というようにです。こういう質問をすると、当然ながら正答率は大きく下がりました。

　子どもに勉強を教えるときのみならず、後輩や部下に仕事を教えるときには、正しい方向にリーディングしてあげるのがいいでしょう。そうすれば、簡単に正解にたどり着けますし、何度も成功体験をくり返していると本人に自信がつき、そのうち自分一人でも正しくできるようになるからです。

POINT

**ちょっとずつヒントを出しながら、
答えに導こう**

5

15 【実践テクニック15】
暗示で性格は「本当に」変わる

だれかに暗示をかけても、しょせんは「その場だけの一時的な変化しか起こらないのではないか」と考える人もいます。

暗示の効果は限定的で、そんなに長続きもしないのだろう、というのですね。

しかし、そうではありません。暗示をかけると、それが導く方向に、人はどんどん変わっていくのです。

その場の一時的な変化ではなく、ときとして永続的な性格や行動の変化をもたらすこともあります。

心理実験

南ミズーリ大学のクリストファー・レインは、200名の大学生に心理テストを受けてもらい、半数の人には、「あなたは神経質です」というインチキな結果を与え、もう半数には、「あなたは感情的に安定したタイプです」という結果を与えました。やはりインチキな結果を与えたのです。

それから、1週間後に、もう一度、同じ心理テストを受けてもらいました。

すると、どうでしょう。

前回のテストで「神経質」と診断された人は、本当に「神経質得点」が上がってしまったではありませんか。「感情的に安定している」と診断された人は、本当に「感情的安定性の得点」が上がってしまったのです。

　たった1週間でも、人の性格は、暗示を受けた方向に変化したのです。これは示唆に富む実験結果です。
「お前は、のろまだな」と後輩をからかったとします。
　すると、その後輩は、どんどん仕事をこなすのが遅くなっていくでしょう。先輩はからかったつもりなのかもしれませんが、「のろま」という負の暗示をかけられた後輩は、ますます「のろま」になっていくはずです。

　だれかにやさしくしてもらいたいのなら、ボールペンや消しゴムなど、ちょっとしたものを相手に借りるといいでしょう。借りたものを返すときに、「とってもやさしい人ですね」とお礼を言うことができるからです。そうやって「あなたはやさしい人だ」という暗示をかければ、その人はどんどん皆さんに対してやさしい態度をとってくれるようになるはずです。

POINT

**人は暗示をかけた通りの
性格に変わる！**

巻末付録

暗示を成功させるコツ

1

【暗示の効果を高める1】

暗示にかかりやすい
時間帯とは？

　暗示を使ってみたけど、なかなか効果が出ない。

　そう感じている方のために、暗示効果を発揮させるためのコツをいくつか紹介していきます。

　まずは、暗示をかける時間帯についてお話ししましょう。

　私たちは、朝は意識がはっきりしていますが、夕方になって疲れてきたりすると、批判能力や判断能力が鈍ってきます。

　もしも、暗示にかかりやすい時間帯があるのなら、相手を暗示にかけるのにぴったりのタイミングを選ぶことができるのです。

心理実験

　パーデュ大学のケビン・アルドリッチは、千名を超える実験参加者にお願いして、いくつかのグループに分かれてもらい、午前8時から、2時間おきに午後8時まで、ハーバード式の暗示テストを受けてもらいました。暗示にかかりやすい時間帯を調べるためです。

ただし、各参加者が暗示テストを受けるのは1回だけです。これは、「練習効果」を除外するためです。催眠や暗示というものは、練習すればするほどかかりやすくなってしまうため、同じ人が何度もくり返しテストを受けていると、時間帯で暗示の強さが変わるのか、それとも練習効果なのか、わからなくなってしまうのです。

　では、暗示にかかりやすい時間帯はどこだったのでしょう。
　調べてみると、1番のピークは、正午でした。
　9点満点で暗示のかかりやすさの得点を出してみると、午前8時は約3.75、午前10時は約4.25、正午は約4.75、午後2時は3.75という具合になっていました。
　午前中からゆっくりと暗示にかかりやすくなり、正午にピークを迎え、午後になるとまた下がってくるという釣鐘型の流れになっていたのです。

最も暗示効果が高くなるのは「正午」

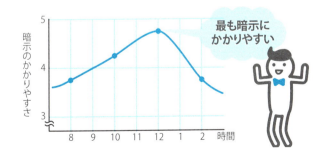

では、午後にはずっと下がるのかというと、2番目のピークがあることもわかりました。午後6時になると約4.00とまた数値が上がったのです。午後8時には最低になって約3.25にまで落ちました。

- -

　このデータから考えると、**人に暗示をかけるのに都合のいい時間帯は、1番が正午で、2番目が午後6時あたり、ということになりそうです。**

　大衆操作に長けていたヒトラーは、午後6時くらいに演説をすることが多かったといいます。

　ヒトラーは、この時間帯のほうが大衆の心を操作するのに都合がいいことを経験的に知っていたのかもしれません。夕方から夜にかけて、日が沈む時間帯は、どこか神秘的なところがありますし、催眠や暗示の効果も高まるのです。

　正午も暗示にかかりやすい時間帯ではあるのですが、お昼休みの時間ですから相手も忙しく、せわしない状態にあることが多いでしょう。したがって、現実的には、午後6時くらいの時間帯が、もっとも暗示にかけやすいといえるでしょうか。

POINT

暗示効果が高まる時間帯は、
正午と午後6時頃

2 【暗示の効果を高める2】
体温は高めの
ときがベスト

　暗示のかかりやすさは、意外なことに体温と深い関係があることが、ある実験から明らかになっています。

心理実験

　クリーブランド州立大学のベンジャミン・ウォレスは、午前7時から午後10時までの間での催眠のかかりやすさを調べてみたことがあります。

　また、ウォレスは、昼型のタイプなのか、夜型のタイプなのかも調べました。「朝型」と「夜型」という分類が一般的だとは思うのですが、ウォレスは、「昼型」と呼んでいるので、ここでも「昼型」としておきます。

　すると、昼型のタイプは、午前10時くらいに催眠にかかりやすいことがわかりました。

　昼型のタイプは、朝に強いので、朝起きてからすぐに体温が上昇し始めます。そして午前10時くらいにピークを迎えるのですが、その時間帯は、催眠にかかりやすい時間であることもわかったのです。

夜型のタイプは、昼型に比べると、スロースターターのせいか、午前中には、なかなかエンジンがかかりません。そのため、午後1時くらいに催眠のかかりやすさのピークもきていました。昼型のタイプに比べると、少しだけ遅い時間にズレているのです。

朝が強いタイプの人と商談をするときには、午前中がいいでしょう。特に午前10時くらいがベストです。それくらいの時間帯のほうが、相手は暗示にかかりやすくなっているので、こちらの言うことを聞かせやすいかもしれません。
「私は、昼過ぎにならないと気分がノッてこないんだよね」というタイプは、おそらく夜型。そういう人には、午後1時、2時の時間帯が望ましいと思います。

なお、自己暗示をかけるときも同様です。自分の体温が一番高くなる時間帯を狙って、暗示をかけましょう。そのほうが自己暗示の効果も高くなるはずです。

POINT

**自己暗示をかけるときは、
体温が高いときにすると効果的！**

3 【タイプを見分ける1】
音楽に没頭しやすいか

　その人が暗示にかかりやすいのかどうかは、「被暗示性」と呼ばれています。被暗示性が高い人ほど、暗示にかかりやすい人だといえるのですね。

　被暗示性を測定するための心理テストも、いくつか開発されています。ハーバード式の暗示テストや、スタンフォード式の暗示テストなどがあります。ところで相手がどれくらい暗示にかかりやすいタイプなのかを判定する方法は他にもないのでしょうか。

　実は、あります。しかも、相手に質問するのはひとつだけ。「音楽を聴くとき、どれくらい没頭するタイプですか？」と聞いてみればいいのです。たったこれだけで、暗示にかかりやすいタイプかどうかも、おおよそは見抜けるでしょう。

心理実験

　オハイオ大学のマイケル・スノドグラスは、280名の大学生にハーバード式の暗示テストを受けてもらって、暗示にかかりやすいタイプを3つのグループに分けました。被暗示性が高い群、中くらいの群、なかなか暗示にかからない被暗示性の低い群の3つです。それから音楽鑑賞という名目で、クラシック音楽を聴い

てもらうのですが、どれくらい深く、集中して、音楽に没頭できたのかを後で聞いてみたのです。その結果、次のようなデータが得られました。

被暗示性の高さ		
高い	中くらい	低い
5.07	4.54	4.26

＊数値は7点に近いほど、音楽に没頭できたことを示します

（出典：Snodgrass, M., et al. より）

この結果からわかる通り、暗示にかかりやすい人は、音楽にも没頭できる傾向があるわけです。何かに、深く、集中できる傾向があるのですね。

ですから、「あなたは音楽を聴いていると、他のことがまったく気にならなくなって、集中するタイプですか？」とさりげなく聞いてみれば、「ははぁ、この人は暗示にもかかりやすいタイプかもしれないぞ」ということが、こっそりと見抜けるというわけです。

POINT

暗示をかける前に、その人の
暗示のかかりやすさを調べてみよう

4 【タイプを見分ける2】
権威主義的か

　アドルノという心理学者が作った心理テストに「権威主義」を測定するものがあります。「Ｆ尺度」と呼ばれています。

　この心理テストは、人がどれくらい保守的で、権威に弱いのかを測定するもので、「しつけやマナーのよくない人は社会人として不適格だ」「目上の人には従わなければならない」といった項目で測定がなされます。

心理実験

　ケープタウン大学のクリストファー・オーペンは、87名の高校生に権威主義かどうかを測定する心理テストを受けてもらいました。それから、インチキな心理テストの診断結果を与えて、その内容をどれくらい受け入れるのかを調べてみたのです。診断結果は、全員がまったく同じ内容のものを受け取りました。

　その結果、「権威主義的」と判断された人ほど、インチキな内容でも、受け入れやすいことがわかりました。

権威主義的な人は、権威に対しては、盲従する傾向があるといえるでしょう。

「お医者さんが言うことなら、正しいに決まっている」

「上司が言うのなら、それが正解なのだろう」

　そんなふうに考えて、権威者の言葉は疑わないのです。

　このタイプの人にとって、「内容」よりも、「だれが」言うのかが重要なのです。

　権威主義的な人は、性格的には、頑固で、狭量な人が多いものです。「付き合いにくいな」と感じる人がいるかもしれませんが、そんなこともありません。権威主義的な人は、とにかく権威には弱いのですから、権威をうまく利用すればいいだけです。

　探せば、だれにでも頭が上がらない人というものがいるものですが、権威主義的な人ほど、そうした人物の言うことであれば、何も疑わずに受け入れてくれるでしょうから、とにかくその人がだれに弱いのかを探すことが先決です。

POINT

**権威主義的な人には、
権威がある人の言葉を持ち出そう**

5 【タイプを見分ける3】
不安を感じやすいか

　性格的に不安を感じやすいタイプの人がいます。健康体である
にもかかわらず、「ガンではないか」と悩んだり、電車に乗ると
きに「事故に巻き込まれてしまうのではないか」とつまらない心
配をしてみたり。**このようなタイプは、暗示の影響を受けやすい
ことが明らかにされています。**

心理実験

　カンザス大学のチャールズ・シュナイダーは、600名の大学
生に不安を測定するテストを受けてもらい、上位20％と下位
20％の120名を選び出しました。前者は不安が高いグループ、
後者は不安が低いグループです。

　それから、心理テストを受けてもらいデタラメな診断結果を与
えてみたのですが、どれくらい受け入れたのかを9点満点で測
定してみたところ、不安が高いグループでは6.22、不安が低い
グループでは5.15という結果になりました。

　不安が高いグループのほうが、デタラメなことでも受け入れや
すかったのです。

不安を感じやすい人は、人に騙されやすいともいえますから、気をつけたほうがいいかもしれません。

「私は、不安症ではないから、大丈夫」

と安心している人がいるかもしれませんが、やはり気をつけてください。

仮に性格的に不安を感じにくい人でも、気分の変化によって、不安を感じやすくなるときがあります。

例えば、大切な商談を控えていたり、受験前だったりすれば、平常心を保てず、いろいろな心配をするのが普通です。

あるいは時間的な影響もあります。夜になって外が暗くなれば、だれでも不安を感じるものです。

このように、私たちには不安になるときが多かれ少なかれあるのですから、「私は大丈夫」とは言い切れないのです。

このように不安を感じやすくなっているときには、人の話を鵜呑みにしないほうがいいでしょう。何かを頼まれたときには、すぐに返事をするのではなく、せめて翌日まで返事を保留しましょう。そうやって考える時間を持たないと、騙されて詐欺の被害者になってしまう危険もあるので注意してください。

POINT

不安が募っているときは、
心の隙を突かれやすいので用心する

6 【タイプを見分ける4】
空想癖などが あるか

　暗示のかかりやすさを調べた、こんな興味深い研究結果があります。

心理実験

　ノルウェーにあるオスロー大学のアーヴィッド・アズは、102名の女子大学生を実際に催眠にかけて、かかりやすい人の特徴を探り出すという研究を行っています。

　その結果、催眠にかかりやすい人（すなわち暗示にかかりやすい人）には、ある特徴が共通して見られたのです。

　まずそういうタイプは、「空想的」なタイプでした。現実にはありもしないようなことや、まったく論理的でないことをぼんやりと考えることの多いタイプだったのです。

　アインシュタインは、光の先端に自分が座って、宇宙をぐるぐる飛び回っているような空想をよくしていたそうですから、暗示にかかりやすいタイプだったのかもしれません。

　また、暗示にかかりやすい人は、自分の身体が、まるで自分の

ものでないように感じる、という体験を多くしていました。
「なんだか自分が自分でなくなったような気がする」という体験
をよくする人は、暗示にかかりやすいといえるでしょう。

さらに、「退行的」な人も暗示にかかりやすいタイプでした。
「退行的」というのは心が子ども時代に戻ることを指します。大
人になってからでも、子ども時代を思い出して、川遊びをしたり、
プラモデルを作ったりするのが好きな人は、退行的なタイプだと
いえます。
　この他、あまり人を疑わず、人に対して基本的な信頼感を持っ
ている人も、暗示にかかりやすいことが明らかにされました。

もともと人柄がよくて、人の言うことを疑わないような善良な
人は、「基本的信頼感」を持っているのですが、そういう人は、
暗示にかかりやすいタイプだったのです。
　暗示にかかりやすいからといって、性格的に何か問題があるわ
けではありませんので、気にする必要はありません。ただし、自
分が暗示にかかりやすいということは頭に入れておきましょう。

POINT
**想像力豊かな人、童心を持ち続けている人、
気立てのよい人は暗示にかかりやすい**

7 【タイプを見分ける5】
男女のタイプは
こんなに違う

　男女においても、暗示にかかりやすい人のタイプが分かれます。

　暗示にかかりやすい、すなわち騙される可能性が高い人を探るこんな研究があります。

心理実験

　南イリノイ大学のネイル・カリアーは、「エドワード・パーソナル・プリファレンス・スケジュール」という心理テストを使って、〝騙されやすい人々〟についての研究を行っています。

　心理テストを実施してから2週間後に、封筒に入っている診断結果が渡されます。そこには25の性格特徴が書かれているのですが、全員がまったく一緒でした。その25の特徴について、それぞれに「どれくらい自分に当てはまるのか?」を5点満点で答えていくのですが、合計得点の高い人を「騙されやすい群」とし、低い人を「騙されにくい群」と分けてみたのです。

　それからカリアーは、実際の心理テストの結果で、騙されやすい群と、騙されにくい群とで大きな差が見られるものを分析して

巻末
暗示を成功させるコツ

みました。

　その結果、男性では、「達成欲求の強い人」ほど騙されやすいことが判明したのです。

　負けず嫌いで、出世に対して貪欲で、何かを成し遂げたいという気持ちが強い人ほど、男性では騙されやすいといえます。

　あまり出世のことなど考えず、「責任が重くなるくらいなら、平社員のほうが気楽でいいや」とか、「プロジェクトのリーダーなんかを任されたら、大変。僕は、ただのメンバーでいいよ」という考えの人は、そんなに騙されないといえます。

　では、女性ではどうだったのでしょう。

　カリアーによると、「自己卑下」に関して、騙されやすい群と、騙されにくい群とに差がありました。

　騙されやすい群の女性は、とにかく自己卑下の傾向が強かったのです。

「どうせ私なんて……」

　と自分に対する評価がとても低い女性は、騙されやすいといえます。自己嫌悪感が強くて、自分をあまり好きではないタイプも、やはり自己卑下的だといえるでしょう。

　面白いもので、男性では、達成欲求が強くて、グイグイ前に出ていこうとするタイプが騙されやすいのに対して、女性では、どちらかというと引っ込み思案というか、自己評価が低い人ほど、

244

騙されやすいのです。男女では、まったく好対照だといえるでしょう。

　どうしてこういう男女差が見られるのかは、残念ながら、よくわかっていません。

　男性は、どちらかというと「欲が強い人」ほど騙されやすいといえるでしょうか。女性の場合、自分に自信がない人は、他人の言うことを何でもそのまま素直に信じてしまうので、騙されやすいのかもしれません。

POINT

男性は自分に自信があるタイプ、
女性は自信がないタイプが騙されやすい

巻末　暗示を成功させるコツ

8

【子どもに暗示をかけるコツ1】

暗示にかかりやすい
特性を活かす

　小さな子どもほど、暗示の影響をとても強く受けます。

　子どもは、親や先生の言うことをいちいち疑ったりはしません。無批判に、「そういうものか」と受け入れてしまいます。

心理実験

　コーネル大学のステファン・セシは、大学で実施されたサマーキャンプに参加した3歳から12歳までの子どもに、ちょっとした実験のお手伝いをしてもらいました。

　ローレンという女の子が初めて学校に登校した日についての絵本を読み聞かせて、その翌日に暗示をかけました。「ローレンは、シリアルを食べて頭が痛くなってしまったんだよね」といった暗示です。実際には、ローレンはタマゴを食べて、お腹が痛くなってしまったのでした。

　さらにその翌日（絵本を見せた日からは2日後）、記憶のテストをしてみました。絵本で使われていた正しい絵をきちんと選びだせるかどうかを確認してみたのです。その結果、やはりというか、年齢が小さい子どもほど暗示の影響を受けていることがわかりました。

	3歳−4歳	5歳−6歳	7歳−9歳	10歳−12歳
正しく答えた割合	37%	58%	67%	84%

(出典：Ceci, S. J., et al. より)

　3歳から4歳の子どもは、6割近くが暗示の影響を受けて間違えたことがわかります。

　この実験でわかる通り、子どもは影響を受けやすいのですから、ぜひ子どもの将来のためにも、いい暗示をたくさんかけてあげるとよいでしょう。

「あなたは、将来、とてもステキな男の子になるわよ」

「あなたは、とっても頭がよくなるよ」

「あなたは、何の不安もない人生を歩むことができるよ」

「あなたは、世界一のスポーツ選手になれるよ」

　ある程度の大人になってからでは、「何を言ってるんだよ。バカだな」と笑われてしまうかもしれませんが、小さな子どもであれば、素直に親や先生の暗示を受け入れてくれます。

POINT

幼い子どもが、よい未来を描ける
最高の暗示をかけてあげよう

9 【子どもに暗示をかけるコツ2】
「あなたならデキる！」と勇気づける

　小さな子どもは、他の人が経験したことでさえ、自分自身が経験したかのように思い込んでしまうところもあります。それほど暗示の影響を受けやすいのです。

心理実験

　ハーバード大学のミシェル・レイトマンは、176名の幼稚園児を対象に、こんな実験を行っています。

　サム・ストーンさんという人が幼稚園を訪問し、いくつかのクラスでそれぞれに読み聞かせをして帰っていきます。

　訪問から10週間後、サム・ストーンさんについて、覚えていることを自由に話してもらうと、だれもが間違わずに正確な描写をしてくれました。

　ストーンさんはあるクラスで読み聞かせをするときにだけ、飲み物をこぼしてテディ・ベアの人形を汚してしまうのですが、その話を聞いた他のクラスの園児たちのうち、3、4歳児では53%、5、6歳児では38%は「テディ・ベアを汚した」と答えたのです。35%は「本当に見た」とも答えました。

　他のクラスメートから話を聞いただけで、自分では直接に目撃

していないことが明らかなのですが、それでも「見た」と言い張るのです。

　レイトマンは、さらに園児たちに、「本当は見なかったんじゃないの?」と重ねて質問してみました。それでも 12％は、「見た」と言い続けたそうです。

- -

　子どもは、大人と違って、空想の世界と現実の世界を、まだはっきりと区別できるわけではなく、空想の世界のことでも、現実の世界に起きたことだと思い込んでしまうところがあります。ヒーローごっこなどをするときには、本人にとっては、「ごっこ」ではなく、「本物のヒーロー」になった気になるのでしょう。

　一流の経営者や、一流のスポーツマンの中には、小さな頃から両親に「あなたは将来、絶対に成功する」と言われ続けた人が多くいます。彼らは親の暗示を信じ込み、「自分なら、できる」と思い込み、実際にそのような人間になっていったのです。

　彼、彼女らは口をそろえて「今の自分があるのは、親のおかげ」と感謝するようですが、どうせなら子どもに感謝されるような暗示をかけてあげたいものです。

POINT

感受性の強い時期こそ、暗示効果が最大限に発揮される!

あとがき

「暗示や催眠って、何だかウソくさいよな…」

小さい頃の私は、そんなふうに思っていました。

ところが、心理学者になっていろいろな文献を読んでいると、どうもそうではないらしいと思うようになりました。

暗示は、インチキでも何でもなく、科学的な研究に値する現象であり、実際にその効果もあることがわかってきました。

そのうち、暗示の研究論文を読むのが面白くなって、気がついてみると膨大な資料が手元に集まっていました。

「いつかは、これらの資料を一冊にまとめておきたい」

そんな気持ちが日増しに強くなっていく中で、この度、機会を得て、本書を世に送り出すことができました。

暗示は、自分や他人を動かすうえで大いに活用できます。

悪用することも、しようと思えば、できます。

人の心を壊してしまおうと思えば、できます。

一方で、望み通りの人生を手に入れるためのパワーをくれたり、人間関係をラクにする秘けつを教えてくれたりもします。

暗示は上手に活用しさえすれば、人を幸せにする力を与えてくれるスゴい道具になりうるのです。
　ぜひ、本書の読者の皆さまには、人生をハッピーにするような、自分も他人も一緒に幸せになれるような暗示の使い方をしていただきたいと思っています。

　まずは、自分が幸せになれるような自己暗示をジャンジャンかけてみてください。

「私は、毎日どんどん幸せになっていく」
「私の身体は、毎日、健やかで調子がいい」
「見るものすべてがバラ色に輝いて見える」

　こんなところからスタートしてみましょう。
　きっと、暗示の素晴らしさを体感していただけると思います。また、ちょっと体調が悪い、元気が出ない、やる気が出ない、微熱が続くなど……、こんな症状を軽減するのに、自己暗示は非常に効果を発揮するので、お試しください。

　最後に、これまでお付き合いいただいた、すべての読者の皆さまにお礼を申し上げます。本当に心から感謝いたします。
　また、どこかでお目にかかりましょう。

内藤誼人

参考文献

Ackerman, J. M., Nocera, C. C., & Bargh, J. A. 2010 Incidental haptic sensations influence social judgments and decisions. Science, 328(5986), 1712-1715.

Aldrich, K. J., & Bernstein, D. A. 1987 The effect of time of day on hypnotizability: A brief communication. International Journal of Clinical and Experimental Hypnosis ,35, 141-145.

Alter, A. L., & Oppenheimer, D. M. 2006 Predicting short-term stock fluctuations by using processing fluency. Proceedings of the National Academy of Sciences, 103(24) 9369-9372.

Areni, C. S., & Kim, D. 1993 The influence of background music on shopping behavior: Classical versus top-forty music in a wine store. Advances in Consumer Research ,20, 336-340.

As, A. 1963 Hypnotizability as a function of nonhypnotic experiences. Journal of Abnormal and Social Psychology ,66, 142-150.

Association for Psychological Science. 2012 It's all in the name: Predicting popularity through psychological science. ScienceDaily ,June 11.

Bar, M., & Neta, M. 2006 Humans prefer curved visual objects. Psychological Science ,17, 645-648.

Bargh, J. A., Chen, M., & Burrows, L. 1996 Automaticity of social behavior: Direct effects of trait construct and stereotype activation on action. Journal of Personality and Social Psychology ,71, 230-244.

Brauer, M. 2001 Intergroup perception in the social context: The effects of social status and group membership on perceived out-group homogeneity and ethnocentrism. Journal of Experimental Social Psychology ,37, 15-31.

Brouziyne, M., & Molinaro, C. 2005 Mental imagery combined with physical practice of approach shots for golf beginners. Perceptual and Motor Skills ,101, 203-211.

Burnham, T. C., & Hare, B. 2007 Engineering human cooperation. Does involuntary neural activation increase public goods contributions? Human Nature ,18, 88-108.

Bushong, B., King, L. M., Camerer, C. F., & Rangel, A. 2010 Pavlovian processes in consumer choice: The physical presence of a good increases willing-to-pay. American Economic Review ,100, 1556-1571.

Carrier, N. A. 1963 Need correlates of "gullibility". Journal of Abnormal and Social Psychology ,66, 84-86.

Cassel, W. S., Roebers, C. E.M., & Bjorklund, D. F. 1996 Developmental patterns of eyewitness responses to repeated and increasingly suggestive questions. Journal of Experimental Child Psychology ,61, 116-133.

Ceci, S. J., Huffman, M. L. C., Smith, E., & Loftus, E. F. 1994 Repeatedly thinking about a non-event: Source misattributions among preschoolers. Consciousness and Cognition ,3, 388-407.

Ceci, S. J., Ross, D. F., & Toglia, M. P. 1987 Suggestibility of children's memory: Psychological implications. Journal of Experimental Psychology:General, 116, 38-49.

Ciani, K. D., & Sheldon, K. M. 2010 A versus F: The effects of implicit letter priming on cognitive performance. British Journal of Educational Psychology ,80, 99-119.

Darley, J. M., & Gross, P. H. 1983 A hypothesis-confirming bias in labeling effects. Journal of Personality Social Psychology ,44, 20-33.

Dmitruk, V. M., Collins, R. W., & Clinger, D. L. 1973 The "Barnum effect" and acceptance of negative personal evaluation. Journal of Consulting and Clinical Psychology ,41, 192-194.

Dohrenwend, B. S., & Richardson, S. A. 1964 A use for leading questions in research interviewing. Human Organization ,23, 76-77.

Ettinger, R. F., Marino, C. J., Endler, N. S., Geller, S. H., & Natziuk, T. 1971 Effects of agreement and correctness on relative competence and conformity. Journal of Personality and Social Psychology ,19, 204-212.

Fichten, C. S., & Sunerton, B. 1983 Popular horoscopes and the "Barnum effect". Journal of Psychology ,114, 123-134.

Garven, S., Wood, J. M., Malpass, R. S., & Shaw, J. S. III 1998 More than suggestion: The effect of interviewing techniques from the McMartin preschool case. Journal of Applied Psychology ,83, 347-359.

Ghazaleh, W. A. 2011 Psychological factors influencing consumers' buying decision process. Lambert Academic Publishing.

Gilstrap, L. L., Laub, C., Mueller-Johnson, K. U., & Zierten, E. A. 2008 The effects of adult suggestion and child consistency on young children's response. Journal of Applied Social Psychology ,38, 1905-1920.

Gresham, F. M., & Nagle, R. J. 1980 Social skills: Training with children: Responsiveness to modeling and coaching as a function of peer orientation. Journal of Consulting and Clinical Psychology ,48, 718-729.

Halperin, K., Snyder, C. R., Shenkel, R. J., & Houston, B. K. 1976 Effects of source status and message favorability on acceptance of personality feedback. Journal of Applied Psychology ,61, 85-88.

Halperin, K. M., & Snyder, C. R. 1979 Effects of enhanced psychological test feedback on treatment outcome: Therapeutic implications of the Barnum effect. Journal of Consulting and Clinical Psychology ,47, 140-146.

Harris, J. L., Bargh, J. A., & Brownell, K. D. 2009 Priming effects of television food advertising on eating behavior. Health Psychology ,28, 404-413.

Hasher, L., Goldstein, D., & Toppino, T. 1977 Frequency and the conference of referential validity. Journal of Verbal Learning and Verbal Behavior ,16, 107-112.

Johansson, P., Hall, L., Sikstrom, S., & Olsson, A. 2005 Failure to detect mismatches between intention and outcome in a simple decision task. Science ,310, 116-119.

Jones, J. T., Pelham, B. W., Carvallo, M., & Mirenberg, M. C. 2004 How do I love thee? Let me count the Js: Implicit egotism and interpersonal attraction. Journal of Personality and Social Psychology ,87, 665-683.

Judge, T. A., Cable, D. M. 2004 The effect of physical height on workplace success and income: Preliminary test of a theoretical model. Journal of Applied Psychology ,89, 428-441.

Kaplan, O. 2007 The effect of the hypnotic-suggestive communication level of advertisements on their effectiveness. Contemporary Hypnosis ,24, 53-63.

Kraut, R. E. 1973 Effects of social labeling on giving to charity. Journal of Experimental Social Psychology ,9, 551-562.

Labroo, A. A., Dhar, R., & Schwarz, N. 2008 Of frog wines and frowning watches: Semantic priming, perceptual fluency, and brand evaluation. Journal of Consumer Research ,34, 819-831.

Laird, D. A. 1932 How the consumer estimates quality by subconscious sensory impressions with special reference to the role of smell. Journal of Applied Psychology ,16, 241-246.

Layne, C., & Ally, G. 1980 How and why people accept personality feedback. Journal of Personality Assessment ,44, 541-546.

Leichtman, M. D., & S. J. Ceci. 1995 The effect of stereotypes and suggestions on preschoolers' reports. Developmental Psychology ,31, 568-578.

Li, W., Moallem, I., Paller, K. A., & Gottfried, J. A. 2007 Subliminal smells can guide social preferences. Psychological Science ,18, 1044-1049.

Lindsay, D. S. 1990 Misleading suggestions can impair eyewitnesses' ability to remember event details. Journal of Experimental Psychology: Learning, memory, and cognition ,16, 1077-1083.

Malott, J. M., Bourg, A. L., & Crawford, H. J. 1989 The effects of hypnosis upon cognitive responses to persuasive communication. International Journal of Clinical and Experimental Hypnosis ,37, 31-40.

Mastellone, M. 1974 Aversion therapy: A new use for the old rubber band. Journal of Behavior Therapy and Experimental Psychiatry ,5, 311-312.

松本じゅん子 2002 音楽の気分誘導効果に関する実証的研究 教育心理学研究 ,50, 23-32.

Mobius, M. M., & Rosenblat, T. S. 2006 Why beauty matters. American Economic Review ,96, 222-235.

Morgan, A. H., & Hilgard, E. R. 1973 Age differences in susceptibility to hypnosis. International Journal of Clinical and Experimental Hypnosis ,21, 78-85.

Newcastle University Press Office. 2006 " Big Brother" eyes encourage honesty, study shows, Jun, 28th

Oakes, W. F., Droge, A. E., & August, B. 1961 Reinforcement effects on conclusions reached in group discussion. Psychological Reports , 9, 27-34.

Oberfeld, D., Hecht, H., Allendorf, U., & Wickelmaier, F. 2009 Ambient lighting modifies the flavor of wine. Journal of Sensory Studies ,24, 797-832.

O'Byrne, R., Hansen, S., & Rapley, M. 2008 "If a girl doesn't say 'No'…": Young men, rape and claims of 'Insufficient knowledge'. Journal of Community & Applied Social Psychology ,18, 168-193.

O'dell, J. W. 1972 P.T.Barnum explores the computer. Journal of Consulting and Clinical Psychology ,38, 270-273.

Ohio State University. 2009 You can look-But Don't touch. ScienceDaily ,January, 12.

Olivola, C. Y., & Todorov, A. 2010 Elected in 100 milliseconds: Appearance-based trait inferences and voting. Journal of Nonverbal Behavior ,34, 83-110.

Orpen, C., & Jamotte, A. 1975 The acceptance of generalized personality interpretations. Journal of Social Psychology ,96, 147-148.

O'sullivan, C. S., Chen, A., Mohapatra, S., Sigelman, L., & Lewis, E. 1988 Voting in ignorance: The politics of smooth-sounding names. Journal of Applied Social Psychology ,18, 1094-1106.

Plassmann, H., O'Doherty, J., Shiv, B., & Rangel, A. 2008 Marketing actions can modulate neural representations of experienced pleasantness. Proceedings of the National Academy of Sciences ,105(3), 1050-1054.

Poole, D. A., & White, L. T. 1991 Effects of question repetition on the eyewitness testimony of children and adults. Developmental Psychology ,29, 975-986.

Prete, M. I., Guido, G., & Pichierri, M. 2013 Consumer hypnotic-like suggestibility: Possible mechanism in compulsive purchasing. Psychological Reports ,113, 162-174.

Principe, G. F., Kanaya, T., Ceci, S. J., & Singh, M. 2006 Believing is seeing: How rumors can engender false memories in preschoolers. Psychological Science ,17, 243-248.

Raikov, V. L. 1976 The possibility of creativity in the active stage of hypnosis. International Journal of Clinical and Experimental Hypnosis ,24, 258-268.

Rosen, G. M. 1975 Effects of source prestige on subjects' acceptance of the Barnum effect: Psychologist versus Astrologer. Journal of Consulting and Clinical Psychology ,43, 95.

Shiv, B., Carmon, Z., & Ariely, D. 2005 Placebo effects of marketing actions: Consumers may get what they pay for. Journal of Marketing Research ,42, 383-393.

Sloutsky, V. M., & Napolitano, A. C. 2003 Is a picture worth a thousand words? Preference for auditory modality in young children. Child Development ,74, 822-833.

Snodgrass, M., & Lynn, S. J. 1989 Music absorption and hypnotizability. International Journal of Clinical and Experimental Hypnosis ,37, 41-54.

Snyder, C. R. 1974 Why horoscopes are true: The effects of specificity on acceptance of astrological interpretations. Journal of Clinical Psychology ,30, 577-580.

Snyder, C. R., & Clair, M. S. 1977 Does insecurity breed acceptance? Effects of trait and situational insecurity on acceptance of positive and negative diagnostic feedback. Journal of Consulting and Clinical Psychology ,45, 843-850.

Stagner, R. 1958 The gullibility of personal managers. Personnel Psychology ,11, 347-352.

Stone, J., Lynch, C. I., Sjomeling, M., & Darley, J. M. 1999 Stereotype threat effects on black and white athletic performance. Journal of Personality and Social Psychology ,77, 1213-1227.

Summers, T. A., & Hebert, P. R. 2001 Shedding some light on store atmospherics influence of illumination on consumer behavior. Journal of Business Research ,54, 145-150.

Sundberg, N. D. 1955 The acceptability of "fake" versus "bona fide" personality test interpretations. Journal of Abnormal and Social Psychology ,50, 145-147

Tabacchi, M. E., & Cardaci, M. 2016 Preferential biases for texts that include neuroscientific jargon. Psychological Reports ,118, 793-803.

Tanner, R. J., Ferraro, R., Chartrand, T. L., Bettman, J. R., & van Baaren, R. 2008 Of chameleons and consumption: The impact of mimicry on choice and preferences. Journal of Consumer Research ,34, 754-766.

Tice, D. M. 1992 Self-concept change and self-presentations: The looking glass self is also a magnifying glass. Journal of Personality and Social Psychology ,63, 435-451.

Tom, G., Ramil, E., Zapanta, I., Demir, K., & Lopez, S. 2006 The role of overt head movement and attention in persuasion. Journal of Psychology ,140, 247-253.

Todorov, A., Mandisodza, A. N., Goren, A., & Hall, C. C. 2005 Inferences of competence from faces predict election outcomes. Science ,308, 1623-1625.

Van Tilburg, W. A. P., & Igou, E. R. 2014 The impact of middle names: Middle name initials enhance evaluations of intellectual performance. European Journal of Social Psychology ,44, 400-411.

Wallace, B. 1993 Day persons, night persons, and variability in hypnotic susceptibility. Journal of Personality and Social Psychology ,64, 827-833.

Wansink, B., & Kim, J. 2005 Bad popcorn in big buckets: Portion size can influence intake as much as taste. Journal of Nutrition Education and Behavior ,37, 242-245.

Wegner, D. M. 1989 White bears and other unwanted thoughts: Suppression, obsession, and the psychology of mental control. New York: Viking.

Zaragoza, M. S., McCloskey, M., & Jamis, M. 1987 Misleading postevent information and recall of the original event: Further evidence against the memory impairment hypothesis. Journal of Experimental Psychology: Learning, memory, and cognition ,13, 36-44.

Zaragoza, M. S., Payment, K. E., Ackil, J. K., Drivdahl, S. B., & Beck, M. 2001 Interviewing witnesses: Forced confabulation and confirmatory feedback increase

〈著者紹介〉

内藤 誼人（ないとう よしひと）

心理学者。立正大学客員教授。慶應義塾大学社会学研究科博士課程修了。アンギルド代表取締役。社会心理学の知見をベースに、ビジネスを中心とした実践的分野への応用に力を注ぐ心理学系アクティビスト。

主な著書に、『マンガでわかる！ 人は暗示で９割動く！』『「心の闇」をパワーに変える心理術』（小社刊）、『ビビらない技法』（大和書房）、『ジョジョの奇妙な冒険が教えてくれる 最強の心理戦略』（かんき出版）、『リーダーのための『貞観政要』超入門』（水王舎）、『世界最先端の研究が教える すごい心理学』（総合法令出版）などがある。

人も自分も操れる！ 暗示大全

2019 年 9 月 20 日　　第 1 刷発行

著　者 —— 内藤誼人

発行者 —— 徳留慶太郎

発行所 —— 株式会社すばる舎

〒170-0013 東京都豊島区東池袋 3-9-7 東池袋織本ビル
TEL　03-3981-8651（代表）　03-3981-0767（営業部）
振替　00140-7-116563
http://www.subarusya.jp/

印　刷 —— 株式会社光邦

落丁・乱丁本はお取り替えいたします
©Yoshihito Naito　2019 Printed in Japan
ISBN978-4-7991-0832-1